ESTE L

PRESENTADO POR

FECHA

DIOS LLAMA
Para Niños

inspiración para la vida

CASA PROMESA

Una división de Barbour Publishing, Inc.

DIOS LLAMA

Para Niños

PHIL A. SMOUSE

Basado en el clásico devocional
editado poe A. J. Russell

A mi familia maravillosa,
por haber sobrevivido.
A mi mejor amigo, Pete,
por haber hecho todo mucho mejor.

Todo está bien.

Una nota para los padres

¡Saludos!

En el otoño de 1932, dos mujeres británicas se reunían para orar, pasar tiempo juntas y escribir lo que pensaban que Dios les estaba diciendo a ellas y a través de ellas. El resultado fue el maravilloso libro *Dios llama*.

Con el paso de los años, el trabajo de estas dos amigas anónimas se ha convertido en uno de los libros cristianos más atesorados de todos los tiempos.

He hecho todo lo que está a mi alcance para asegurarme que las preciosas palabras de estas dos amigas especiales les hablen a nuestros hijos e hijas en un lenguaje que puedan entender, para que así *ambos* podamos disfrutar juntos de este devocional extraordinario.

¡Dios te bendiga!
Phil A. Smouse

1 Todo nuevo

¡Oh, mi pequeñito, confía en mí! Coloca tu mano en la mía. Deja que mi amor haga todo nuevo. Yo soy la puerta entre lo viejo y lo nuevo. Voy a borrar los errores del pasado *para siempre*.

Yo soy la luz del mundo.
Juan 8.12

2 Brazos de amor

Tu vida es un hermoso regalo para la gente que te rodea. Extiende tus brazos. Llena este buen día con risas y alegría. Permite que mi amor y tu corazón alegre alivien la carga de cada persona con la que te encuentres.

Ayúdense entre sí a soportar las cargas.
Gálatas 6.2 DHH

3 La puerta se abrirá

¿Por qué estás preocupado? ¡Confía en mí y sé fuerte! Yo te amo y estoy peleando por ti. *Y yo voy a ganar.* Ya verás. La puerta se abrirá. Todos mis sueños para ti se harán realidad... *un día a la vez.*

Los que confían en el Señor
encontrarán nuevas fuerzas.
Isaías 40.31 NTV

4 No hagas planes

Están ocurriendo cosas maravillosas. ¡Todo está bien! No hay necesidad de planificar por adelantado. Yo te cuidaré. Yo soy el Dios *Todopoderoso*. Tengo este día en mis manos. Siempre tendrás todo lo que necesitas.

Podemos hacer nuestros planes, pero
el Señor determina nuestros pasos.
Proverbios 16.9 NTV

5   Pásalo

Oh, mi pequeñito, no te preocupes por el día de mañana. Siempre vas a tener suficiente. Da tu dinero libremente. Nunca les doy dinero a quienes lo esconden... solo a quienes lo pasan. Usa lo que necesitas, ¡y luego da el resto a otros!

Dios les proveerá de todo lo que necesiten.
Filipenses 4.19 NVI

6   Atento y listo

Cuando tú oras, *yo voy a escuchar.* Ningún sueño es demasiado grande. Todos mis planes para ti se harán realidad. Así que confía en mí y espera. Lee mi Palabra y ora. Te voy a usar. Pero tienes que estar atento y listo.

Esfuérzate por presentarte a Dios aprobado.
2 Timoteo 2.15 NVI

7 La perla secreta

Tus palabras amables son como perlas preciosas que caen en la quietud de un corazón solitario. Tal vez llevan muchos años ocultando mentiras. ¡Oh, pero cuánta alegría cuando encuentran ese tesoro!

Cuando descubrió una perla de gran valor,
vendió todas sus posesiones y la compró.
Mateo 13.46 NTV

8 Problemas pequeñitos

Algunas veces hago lo que me pides. Y otras veces no lo hago. Pero sin importar lo que pase... *confía en mí*. Estos problemas pequeñitos solo van a durar un corto tiempo. Sin embargo, la recompensa que encontrarás en el cielo durará *para siempre*.

Las cosas ... que no se ven son eternas.
2 Corintios 4.18 LBLA

9   No más estrés

Yo soy el Maestro de Obras. Tú eres mi creación hermosa. Nunca pondré sobre ti más preocupación que la que tu pequeño corazón pueda llevar. El estrés llega cuando intentas servir a otro maestro. No permitas que las preocupaciones de esta vida se roben tu corazón del mío.

Porque mi yugo es fácil, y ligera mi carga.
Mateo 11.30

10   Con un alto precio

Tu vida es una perla preciosa con un alto precio. Es un regalo que puedes dar a todo el mundo... un tesoro de gran valor que vivirá en sus corazones *para siempre*.

Porque donde esté tu tesoro, allí
estará también tu corazón.
Mateo 6.21

11 Amor y silencio

Puedes hablarme de *todo*. Cuando me buscas, *siempre me vas a encontrar*. Pero no voy a gritar por encima del ruido de este mundo imprudente. Si buscas la voz de cualquier otro, desapareceré en el rocío de la mañana.

Mis ovejas escuchan mi voz, yo las
conozco, y ellas me siguen.
Juan 10.27 NTV

12 Maravilloso

Ven. Camina conmigo. Pon tu mano en la mía. El camino que escojo tal vez no sea fácil. Y, por momentos, estará oscuro y será difícil de encontrar. Pero al lugar que te llevará será formidable y *maravilloso*.

> Tu palabra es una lámpara a mis
> pies, es una luz en mi sendero.
> Salmos 119.105 NVI

13 ¡Fuerte!

No permitas que se turbe tu corazón. Todo va a estar bien. Estos días oscuros no durarán para siempre. ¡Confía en mí y sé fuerte! Deja que mi amor y bondad toquen a cada persona que encuentres.

> Los fundiré como se funde la plata, y
> los probaré como se prueba el oro.
> Zacarías 13.9

14   **Por todo**

La verdadera felicidad llega cuando aprendes a darme las gracias *por todo*. Entonces, ¡da gracias! Dame las gracias cuando todo marcha bien. Dame las gracias cuando todo parece estar marchando mal. Comparte la belleza de tu corazón agradecido con cada persona que te encuentres.

Den gracias a Dios en
cualquier circunstancia.
1 Tesalonicenses 5.18 TLA

15   Paz

Paz. ¡Quédate tranquilo! Estoy obrando en todo para tu beneficio. Puede que venga algún cambio. No hay necesidad de que tengas miedo. Tu vida está segura y protegida aquí, en mis manos amorosas.

> Y el efecto de la justicia será paz.
> Isaías 32.17

16   Cosas pequeñas

¡Yo soy el Señor de las cosas pequeñas! Ninguna vida es tan pequeña como para escurrirse entre mis manos. Tu corazón es como una piedra preciosa formado con cuidado para crear un colorido mosaico de belleza asombrosa. En mi reino, las piedras pequeñas juegan un enorme papel.

> Que se alegren todos los que
> en ti buscan refugio.
> Salmos 5.11 NVI

17   Cosas buenas

Quiero darte cosas buenas. *Y lo voy a hacer* —pero tienes que aprender a confiar en mí. Ciérrales la puerta al miedo y a la duda. No les permitas entrar, o echarán a perder todo lo bueno que tienes.

> Den, y recibirán ... La cantidad
> que den determinará la cantidad
> que recibirán a cambio.
> Lucas 6.38 NTV

18   La fe funciona

La fe es un regalo que doy abundantemente y con mucha alegría. Sí, tienes que trabajar. Sí, tienes que orar. Pero la llave para tus sueños y la respuesta para tus oraciones *dependen de la oración*. Es el sobre que lleva cada oración directo ante mi trono.

> Nosotros también hemos
> creído en Jesucristo.
> Gálatas 2.16

19 Bueno y perfecto

Si me buscas... *me encontrarás*. Igual que un padre amoroso en el día del cumpleaños de su hijo, yo he escogido y envuelto cada buen deseo que tu corazón anhela. ¡Y con cuánta alegría cantaré cuando sostengas en tus manos esos tesoros celestiales!

> ¡Cuánto más su Padre que está en el cielo
> dará cosas buenas a los que le pidan!
> Mateo 7.11 NVI

20 Uno conmigo

Tú eres uno conmigo... tu corazón es mi hogar *eterno*. Y yo soy uno con el Padre: el hacedor del cielo y la tierra. ¡Piensa en esto! ¿Qué más podría alguien desear?

> Piensen ... en todo lo que es
> agradable y merece ser alabado.
> Filipenses 4.8 TLA

21 Puedes descansar

Regocíjate. ¡Alégrate! Siempre estoy contigo. Una vez mi Palabra es pronunciada, nada se le puede interponer. Como un bebé recién nacido dormido en los brazos de su mamá, estás protegido y seguro. Descansa. Descansa. *Descansa.*

Me alegraré y me regocijaré en ti.
Salmos 9.2

22 Días grises

¿Estás viviendo un día gris y triste? Dame las gracias, ¡y la oscuridad desaparecerá! Cuando tus días están llenos de agradecimiento, las nubes se disipan y mi luz resplandece. Pero cuando no es así, esos días grises seguirán y seguirán *para siempre*.

Denle gracias y alaben su nombre.
Salmos 100.4 NTV

23 Un río de vida

Alegría es el aire limpio y puro que llena los corazones de aquellos que viven cerca de mí… ¡un río de vida que pasa entre nosotros sin que pueda verse ni escucharse!

La alegría del Señor es vuestra fortaleza.
Nehemías 8.10 LBLA

A tu lado

24

Eres como un barco pequeño en medio de aguas desconocidas. No te preocupes por las olas que se avecinan. Simplemente muévete un paso pequeño a la vez. El Señor que hizo los mares y la sal y las tormentas está justo a tu lado.

¡Sí, creo, pero ayúdame a superar mi incredulidad!
Marcos 9.24 NTV

25 Felicidad

La felicidad es una casa firme construida sobre la confianza. La confianza es el *fundamento*: la parte que sostiene todo lo demás. Sus habitaciones están amuebladas y llenas con un corazón alegre que ama pasar tiempo conmigo.

> Yo he venido para que tengan vida, y
> para que la tengan en abundancia.
> Juan 10.10

26 Mantén la calma

No permitas que tu corazón se angustie. Coloca tus preocupaciones y ansiedades en mis manos y *déjalas allí*. No tienes nada que temer. Estoy obrando en todo para tu bienestar.

> Pongan todas sus preocupaciones
> y ansiedades en las manos de Dios,
> porque él cuida de ustedes.
> 1 Pedro 5.7 NTV

27 En el auge de la tormenta

Estoy contigo. Deshazte de tus preocupaciones, temores y dudas. Permite que la fe, la esperanza y el amor entren, y tomen su lugar. Mis discípulos pensaron que yo estaba dormido durante la tormenta. Pensaron que me había olvidado de ellos. ¡Pero estaban equivocados! ¡Confía en mí y observa lo que voy a hacer!

¡Calma! ¡Soy yo, no tengan miedo!
Mateo 14:27 DHH

28 Ven a mí

¿Qué te gustaría ser cuando seas grande? ¿Quieres ser rico y famoso? ¿Quieres ganar un premio? Mucha gente quiere esto. Pero mira a tu alrededor. ¿Qué tienen ellos para mostrar? ¿Un corazón alegre? ¿Un mundo en paz? ¿No? Me pregunto: ¿por qué no?

«Vengan a mí todos los que están
cansados y llevan cargas pesadas,
y yo les daré descanso».
Mateo 11.28 NTV

29 Haré un camino

No temas. Yo soy tu escudo. Todo saldrá bien. Llámame por mi nombre. Confía en mí para *todo*. Yo haré un camino.

¡Espera en el Señor!
Salmos 27.14 RVC

30   Descansa

Hay días que son para trabajar. Otros son para jugar. Y otros son para *descansar*. Toma hoy algo de tiempo para descansar. Deja a un lado el trabajo. Apaga el ruido. Abre mi Palabra. Permíteme llenar tu corazón cansado, y hacer todo nuevo y fresco.

> Yo los haré descansar.
> Mateo 11.28 TLA

31   Conozco los planes

Yo sé los planes que tengo para ti. Son planes para ayudarte, no para lastimarte. Cada dolor y angustia obrará para tu bien… y para el bien de todos los que te rodean.

> Pues yo sé los planes que tengo
> para ustedes —dice el Señor—.
> Jeremías 29.11 NTV

1   Un nuevo comienzo

No temas. ¡Alégrate y regocíjate! Yo haré todo nuevo. Olvídate del pasado. ¡El pasado quedó atrás! Da una vuelta y prosigue. Comienza una nueva vida. Hazlo hoy. Yo te amo. *Yo te perdono.* ¡Eres libre!

Si alguno está en Cristo, nueva
criatura es, las cosas viejas pasaron,
he aquí todas son hechas nuevas.
2 Corintios 5.17

2　Como yo te amo

Ama *a todo el mundo* como yo te amo. Ama a tu mejor
amigo cuando es bondadoso, útil y amable. Ama a tu peor
enemigo cuando es egoísta, malo y tiene coraje. Esta es
una lección difícil. Pero tienes un Maestro poderoso. Y yo
te bendeciré cuando amas como yo.

> Ámense unos a otros. Tal
> como yo los he amado.
> Juan 13.34 NTV

3　Los muros caerán

¿Por qué cayeron los muros de Jericó? La respuesta es
muy sencilla. ¡Nada en esta tierra es lo suficientemente
fuerte para permanecer en pie contra un corazón que
me ama verdaderamente y está lleno de canciones de
agradecimiento y alabanza!

> Así está el corazón del rey en
> la mano de Jehová.
> Proverbios 21.1

4 Aprendiendo a caminar

Cuando la ayuda terrenal desaparece, ¡mi poder cobra vida! Así que, confía en mí. Aprende a caminar por cuenta propia. ¡Y mira lo que haré! No puedo enseñarte a caminar si estás aprendiendo de algo o de alguien más.

Sin fe es imposible agradar a Dios.
Hebreos 11.6

5   Lo sabrás

Camina conmigo. Te voy a enseñar. Escucha mi voz. Te voy a hablar. La vida es una escuela, y tendrás muchos maestros. Pero ninguno de ellos jamás te conocerá ni será capaz de ayudarte, mejor que yo.

> Confía en el Señor con todo tu corazón
> ... y él te mostrará cuál camino tomar.
> Proverbios 3.5–6 NTV

6   Mi amado

Cuando me buscas, *me vas a encontrar*. Responderé cuando me llames. Mis manos están llenas con todo lo que jamás puedas necesitar. Pero, oh, mi amado, ¡cuánto anhela mi corazón pasar tiempo contigo!

> Vengan a mí.
> Mateo 11.28 NVI

7   Luz adelante

Confía en mí y no tengas miedo. ¡Abre tus ojos! Mira todas las cosas maravillosas que estoy haciendo. Por ahora, estás caminando en un túnel profundo y muy oscuro. Sin embargo, solo unos pocos pasos más adelante, verás la luz.

Ellos me invocarán, y yo les contestaré.
Zacarías 13.9 DHH

8   Solo confía en mí

Yo soy tu Señor. ¿Confías en mí o no? Depende de mí para *todo*. No me he olvidado de ti. Tu ayuda viene en camino. La paciencia es fe probada hasta el punto de casi darse por vencido.

¿A quién tengo yo en los cielos sino a ti?
Salmos 73.25

9   La voz de Dios

No siempre hablo con palabras que puedes escuchar. A veces susurro directo a tu corazón.

> Hemos recibido el Espíritu de Dios ... de manera que podemos conocer las cosas maravillosas que Dios nos ha regalado.
> 1 Corintios 2.12 NTV

10   Salvavidas

Yo soy tu Salvador —tu salvavidas— una cuerda de rescate que conecta tu corazón al mío. ¡Alégrate y regocíjate! Tu vida está en mis manos. Ningún corazón puede perderse cuando está conectado a mí.

> Tus ondas y tus olas han pasado sobre mí.
> Salmos 42.7

11 Deja de luchar

Sé lo difícil que es esperar. Pero tienes que esperar. Yo veo tu corazón. Te sientes como si fueras un barco pequeño, perdido y solo en medio del océano. Suelta tus remos. Deja de luchar para salvarte a ti mismo. Mira hacia arriba. ¡Me acerco a ti caminando sobre las aguas!

> Espera al Señor, esfuérzate y aliéntese
> tu corazón. Sí, espera al Señor.
> Salmos 27.14 LBLA

12 En todas partes

Confía en mí. No tengas miedo. ¡Deja que tu corazón sea lleno con alegría! El camino que tienes delante de ti es hermoso. Está repleto de cosas nuevas y extraordinarias. Y allí me encontrarás a mí. ¡Me encontrarás *en todas partes*!

> Tú cambiaste mi duelo en alegre danza.
> Salmos 30.11 NTV

¡Corre!

No te detengas ahora. ¡Ya casi ganas tu carrera! Corre rápido, y mantente corriendo. Comenzar es fácil. Cualquiera puede hacerlo. Sé que estás cansado. Pero la victoria está a solo unos pasos. No te des por vencido ahora. ¡CORRE!

Prosigo a la meta, al premio del supremo llamamiento de Dios en Cristo Jesús.
Filipenses 3.14

14 Aquí conmigo

Nada es más importante que el tiempo que pasamos juntos. Ven. Abre tu corazón. Dime lo que necesitas. Haré todas las cosas nuevas.

Es mejor pasar un día en tus atrios
que vivir mil días fuera de ellos.
Salmos 84.10

15   Súper poder

Te voy a usar. Juntos haremos cosas extraordinarias. Pero recuerda esto: este mundo no necesita un súper hombre. Lo que necesita es un hombre *sobrenatural*: un hombre cuyo poder y fuerzas solo vengan de mí.

> Confíen en el Señor.
> Salmos 4.5 NVI

16   Eres mi alegría

Yo te amo. Tú eres mi alegría —un hermoso y sencillo ejecutor de mi Palabra— el regalo de mi Padre mientras colgaba de la cruz. ¡Cuántas gracias le doy *por ti* todos los días!

> Tú me los diste, y ellos han
> obedecido tu palabra.
> Juan 17.6 NTV

17 En la bolsa

Una iglesia se parece mucho a una bolsa de papel donde llevas el almuerzo. Está llena de alimentos deliciosos para comer. ¡Pero la iglesia no es la comida! Encontrarás el alimento que tu alma necesita cuando te acerques a mí.

No dejemos de asistir a nuestras reuniones, como hacen algunos.
Hebreos 10.25 DHH

18 Déjame hacerlo

Yo te amo y voy a cuidarte. Siempre tendrás la ayuda que necesitas. Pon tus preocupaciones e inquietudes en mis manos. El sol, la luna y las estrellas obedecen cada una de mis órdenes. Tus problemas también las obedecerán.

¿Qué padre de vosotros, si su hijo le pide pan, le dará una piedra?
Lucas 11.11

19 Soporta

Yo te amo y estoy contigo. Tu carrera está casi ganada. Los últimos pasos son los más difíciles de todos. Enfrenta tus problemas con alegría y gozo. Yo nunca te abandonaré ni te faltará mi amor.

> Soporta el sufrimiento junto conmigo
> como un buen soldado de Cristo Jesús.
> 2 Timoteo 2.3 NTV

20 Si me lo pides

No te preocupes por nada. ¡Ora por todo! No tienes que suplicar. No necesitas negociar. Simplemente dime qué necesitas. Confía en que lo haré. Luego, agradéceme cuando esté hecho.

> Presenten sus peticiones a Dios.
> Filipenses 4.6 NVI

21 Yo haré el resto

Te mostraré el camino. No necesitas ver mucho más adelante. Simplemente coloca tu mano en la mía y da un paso a la vez. Confía en mí. Deja que tu corazón se llene con paz y alegría. Yo haré el resto.

Yo te llevaré por el camino de la sabiduría:
te haré andar por el buen camino.
Proverbios 4.11 DHH

22 Confía siempre en mí

Tienes que aprender a confiar en mí siempre. Yo nunca te voy a fallar. La duda es un pecado. Mantuvo a los hijos de Israel fuera de la Tierra prometida. No permitas que te empuje también al desierto.

> Si tuvieran fe, aunque fuera tan pequeña
> como una semilla de mostaza...
> Lucas 17.6 NTV

23 Sanidad

Las manos ocupadas son manos felices. ¡Y las manos felices traen alegría a mi corazón! El invierno ya casi pasó. La primavera llegará pronto. Permite que su brisa suave y sol cálido llenen tu corazón con luz y vida.

> Porque he aquí ha pasado el invierno.
> Cantares 2.11

24   Compártelo todo

Abre tu corazón y compártelo todo. Comparte tu amor. Comparte tu alegría. Comparte tu corazón feliz. Comparte tu tiempo, tu comida, tu dinero, tus oraciones. ¡Compártelo todo y observa lo que voy a hacer!

Lanza tu pan sobre el agua, después de algún tiempo volverás a encontrarlo.
Eclesiastés 11.1 NVI

25   La forma de ganar

La alegría es la cura del cielo para todos los problemas
de este mundo egoísta y tonto. Ninguna enfermedad,
ningún mal, ninguna situación desesperada o irreparable
—*nada*— puede interponérsele a un corazón feliz y
agradecido que está lleno de alegría celestial.

¡El gozo del Señor es su fuerza!
Nehemías 8.10 NTV

26 La ayuda viene en camino

Eres hijo de un Rey. Todo lo que tengo te pertenece.
Quítate tus harapos. Vístete con los hermosos mantos
que te he dado. Nunca te dejaré ni te negaré mi amor.
¿Confías en mí? ¿Confiarás en mí? ¡Pide y recibirás!

Sigue llamando, y la puerta se te abrirá.
Mateo 7.7 NTV

27 Sonidos del Espíritu

¿Quieres escuchar mi voz? Entonces, tienes que separar tiempo para orar. Igual que el viento se mueve entre los árboles en una tranquila mañana de primavera, *yo hablo suavemente*. Entonces, siente mi paz y mantente tranquilo. Mientras más tiempo pasas conmigo, mejor marchará *todo* en tu vida.

... un silbo apacible y delicado.
1 Reyes 19.12

28 Trabajo perfecto

¿Quieres mantenerte alerta? Entonces tienes que separar tiempo para orar. Una herramienta embotada que trabaja arduamente todo el tiempo nunca hará un buen trabajo. Pero una herramienta afilada, aunque solo la usen un poco, siempre hará un trabajo *perfecto*.

> La oración ferviente de una persona justa tiene mucho poder y da resultados maravillosos.
> Santiago 5.16 NTV

29 Acércate

Muchas personas vienen a mí pidiendo ayuda. Muchas vienen porque quieren ser sabias. Otras se acercan para conocer sobre el futuro. Pero, ¡oh cuánto anhelo aunque sea solo una persona que se acerque porque me ama con todo su corazón!

> Venid a mí.
> Mateo 11.28

1 ## Rocío de amor

Rocía con mi amor a todo el que te rodea. Esto moverá cada montaña y calmará el mar embravecido. Mi Palabra les dará vida. ¡Oh, pero, muy pocos reducirán el paso lo suficiente como para oírla!

> Mi palabra que sale de mi boca,
> no volverá a mí vacía.
> Isaías 55.11

2   Palabras al espíritu

¡Las palabras que yo hablo son espíritu y vida! Son tu recompensa por buscarme con todo tu corazón. Vida, gozo, paz y sanidad son mi regalo. Y lo doy a cada corazón que está unido a mí y solo a mí.

Sólo el Espíritu da vida eterna.
Juan 6.63 NTV

3   Más cerca de mí

No tengas miedo a fracasar. Mi poder se perfecciona en la debilidad. Mientras más te acercas a mí, más te dolerán tus errores. Pero eso es bueno. Recuerda, cuando tú eres débil, *yo soy fuerte.*

Así que prefiero gloriarme de ser débil, para que repose sobre mí el poder de Cristo.
2 Corintios 12.9 DHH

4 Yo también lloré

La gente te lastimará. Ámala de todos modos. Siempre escoge ver lo bueno en las personas. Pero recuerda, cuando vi lo desobedientes que se habían vuelto los corazones de mis hijos... yo también lloré.

Cuando Jesús estuvo cerca de
Jerusalén y vio la ciudad, lloró.
Lucas 19.41 TLA

5   ¡No tengas miedo!

Hay demasiados corazones llenos de miedo. ¡Miedo por esto, miedo por lo otro, miedo por todo, por todas partes, todo el tiempo! Yo no puedo vivir en un corazón lleno de miedo. Entonces, ¡no tengas miedo! *El miedo hace daño.* Jamás permitas que entre.

El amor perfecto echa fuera el miedo.
1 Juan 4.18 DHH

6   Amor y risa

Igual que un jardín, el corazón no florece en un día. El terreno endurecido tiene que prepararse antes de que las semillas puedan ser plantadas. ¿Conoces a alguien con un corazón endurecido? El amor y la risa son las herramientas que ablandarán ese corazón y lo prepararán para recibir mi amor.

Otra parte cayó en buena tierra, y brotó y creció y dio fruto, y rindió una cosecha.
Marcos 4.8 RVC

7 Sorpresas

¿Qué voy a hacer hoy? ¿Dónde me encontrarás? Cuando tu corazón *y tus ojos* ven mi bondad en todo, es imposible saber qué cosa maravillosa encontrarás esperando por ti a la vuelta de la esquina.

Tú bendices a los justos, oh Señor.
Salmos 5.12 NTV

8 Cielo en la tierra

El invierno largo y frío ya terminó. ¡Finalmente llegó la primavera! Abre las ventanas. Deja que mi belleza llene tu corazón. La primavera es mi sierva y te trae un mensaje. ¡Escucha! ¿Puedes escucharlo? ¿Qué estoy tratando de decir?

La vida antigua ha pasado, ¡una nueva vida ha comenzado!
2 Corintios 5.17 NTV

9 Nada es demasiado pequeño

No existe nada que sea demasiado pequeño para que no me importe. Un pequeño gorrión es más hermoso que cualquier palacio de oro. Una palabra de bondad significa más que el discurso de un rey. ¡Oh, cuánto te amo, mi hermoso pequeñín!

Con amor eterno te he amado.
Jeremías 31.3

10 Olas de alegría

Tu corazón alegre es como una piedrecita que se lanza en un estanque tranquilo. Aunque la piedra es pequeña, las ondas que produce se extienden hasta que cubren cada gota de agua que encuentra.

El corazón alegre es buena medicina.
Proverbios 17.22 LBLA

11 Belleza y alegría

He llenado este mundo hermoso con belleza y alegría.
Cada capullo y cada flor, cada mariposa y cada pájaro, te
está cantando una canción de amor. ¡Observa! ¿Puedes
verlo? ¡Escucha! ¿Puedes oír mi voz?

Él, en el momento preciso,
todo lo hizo hermoso.
Eclesiastés 3.11 DHH

12 Sencillez

Un corazón sencillo es un corazón feliz. La gente y
las cosas intentarán llenar este buen día con ruido y
confusión. En lugar de esto, escoge lo sencillo, pues esa es
la llave que abrirá la puerta a la felicidad y la alegría.

Vengan a mí.
Mateo 11.28 TLA

13 Por mi Espíritu

¡Paz! Mantente tranquilo. Espera por mí. Abre la puerta
de tu corazón. Permíteme entrar. Respira el sublime
viento de mi Espíritu Santo. Yo soy todo lo que jamás
necesitarás... ¡o necesitas conocer!

No con ejército, ni con fuerza, sino con mi
Espíritu, ha dicho Jehová de los ejércitos.
Zacarías 4.6

14 **Mi toque**

¿Por qué estás preocupado? Estoy aquí, justo a tu lado.
Confía en mí. ¡Espera por mí! Encontrarás nuevas
fuerzas. No te rindas. ¡Extiende tus alas y vuela! Mi toque
y un corazón dispuesto llenan la vida de alegría.

Los que confían en el Señor
encontrarán nuevas fuerzas.
Isaías 40.31 NTV

15 Tu cruz

Suelta tus preocupaciones y tus miedos. No se supone que los cargues. Te harán sentir como un anciano, que está tan cansado luego de un largo viaje por un camino polvoriento y caluroso que ya no puede ver la belleza a su alrededor.

Ciertamente él cargó con nuestras enfermedades y soportó nuestros dolores.
Isaías 53.4 NVI

16 El lugar secreto

¡Ven, hijo mío! Acércate a mí. Yo espero en muchos corazones. Pero, ¡son tan pocos lo que anhelan encontrarme, los que desean correr y encontrarse conmigo allí!

El que habita al abrigo del Altísimo, morará bajo la sombra del Omnipotente.
Salmos 91.1

17 No existe una alegría mayor

Ven. Siéntate conmigo. ¡Descansa! No existe una alegría mayor. Sí, eres pequeño. Sí, necesitas muchas cosas. Pero recuerda, *todo* —desde el grano de arena más pequeño hasta la más lejana de las estrellas— todo me pertenece a mí.

> ¡Cuánto más su Padre que está en el cielo dará cosas buenas a quienes se las pidan!
> Mateo 7.11 DHH

18 Pide en grande

Tus tiempos difíciles ya casi terminan. ¡Se acercan cosas maravillosas! Así que confía en mí. Pide cosas grandes... ¡pídemelas ahora! Yo soy Dios *todopoderoso*. Nada es demasiado grande ni demasiado difícil para mí.

> Si tuvieran fe como un grano de mostaza...
> Mateo 17.20 RVC

19   ¡Sé valiente!

No tengas miedo. Yo estoy contigo. ¡Confía en mí! Yo soy un Dios de poder. No puedo fallarte. No voy a fallarte. Sé valiente, hijo mío. Permíteme llenar tu corazón con alegría. Te amo. Todo está bien.

> No tengas miedo, porque yo estoy contigo.
> Isaías 41.10 NTV

20   Tu ayuda viene de camino

Confía en mí para todo. Depende de mí y *solo de mí*. Cuando confías en mí sin mirar a nada ni a nadie más, mi ayuda puede venir y vendrá de todo y de todas partes.

> Pon tu camino en las manos del Señor,
> confía en él, y él se encargará de todo.
> Salmos 37.5 RVC

21   Todo está bien

La jornada puede parecerte larga. Pero yo estoy contigo.
Y *estaré* contigo en cada paso del camino. A la vuelta de la
esquina encontrarás más alegría de la que jamás soñaste.
Yo te amo. Yo te cuidaré. *Todo está bien.*

Guía mis pasos conforme a tu promesa.
Salmos 119.133 NVI

22   Una rosa

Yo te amo y soy tu mejor amigo. Todo lo que tengo
es tuyo. No hay nada que puedas necesitar que yo no
pueda suplir. Una rosa. Un amanecer glorioso. Un
millón de dólares. Nada es demasiado difícil para mí.
Entonces pídelo. Pídemelo ahora. ¡Y espera para que
veas lo que haré!

¿Por qué se preocupan?
Mateo 6.28 NVI

23   Tu corazón canta

Yo soy el Señor. Todo el poder me pertenece. Ora y sigue
orando. *Yo responderé.* Repítelo hasta que lo creas. Repítelo
hasta que estés convencido. Repítelo hasta que tu corazón
cante: ¡todo el poder le pertenece a Jesucristo!

Porque fiel es el que prometió.
Hebreos 10.23

24 **Sígueme**

¡Confía en mí y no temas! No seas como el hombre que caminaba por el bosque y llegó a un río y se *detuvo* porque tenía miedo del agua, cuando todo el tiempo tuvo un puente justo a su lado.

Confíen en el Señor.
Salmos 4.5 NVI

25   Cosas maravillosas

Yo te amo y estoy contigo. Jamás tienes por qué sentir miedo. Sigue adelante sin temor. Mi poder es tuyo. Están ocurriendo cosas maravillosas. Y yo estaré contigo en cada paso del camino.

Puestos los ojos en Jesús, el autor
y consumador de la fe.
Hebreos 12.2

26   Mañana

Estoy aquí. No te preocupes por el mañana. El mañana, de por sí, tiene problemas más que suficientes. La fe está cimentada en conocerme a mí. Y una vida cimentada en la fe no siempre tiene necesidad de conocer sobre el mañana.

Y les daré un corazón para
que me conozcan.
Jeremías 24.7

27   Sigue adelante

Paz. Mantente tranquilo. Yo te amo. Soy Dios todopoderoso. Creé los cielos y la tierra y *todo* lo que hay en ellos. Sigue adelante sin temor. Entra en una vida nueva. ¡Deja que mi amor y mi poder llenen tu corazón de alegría!

El Señor tu Dios está contigo
dondequiera que vayas.
Josué 1.9 NTV

28   Montañas

La fe y un corazón que desea hacer mi voluntad son dos herramientas que moverán las montañas que estorban en el camino. Pero siempre, *siempre*, tienen que ir tomados de la mano.

Si ustedes creen, recibirán todo
lo que pidan en oración.
Mateo 21.22 NVI

29   Una vida separada

Levántate, hijito mío. Abre tu corazón y permíteme entrar en él. Si me buscas, *me vas a encontrar*. Y te recompensaré por ello. Sí, tienes que vivir en este mundo. Pero recuerda, al igual que yo, *no eres de este mundo*.

«Levántate, amor mío, anda, cariño, vamos».
Cantares 2.10 DHH

30   Estoy contigo

Puedes relajarte. Estoy cuidando de ti. Tu corazón alegre
y agradecido es la llave que abrirá las puertas del cielo.
Descansa en mi amor. Ten la seguridad de que estoy contigo.
Abre tu corazón y deja que mi amor se derrame en él.

> Ustedes saldrán con alegría y
> serán guiados en paz.
> Isaías 55.12 NVI

31   Ascenso

Sí, lo sé. Llevas mucho tiempo ascendiendo una cuesta
empinada. Tus piernas están débiles. Estás comenzando
a tropezar. Pero mira a tu alrededor. Observa lo lejos que
has llegado. ¡Sigue adelante! La cima de la montaña está
casi a la vista.

> «Vengan a mí todos ustedes que
> están cansados y agobiados,
> y yo les daré descanso».
> Mateo 11.28 NVI

1 El Hijo de Dios

Abre tus ojos, hijito mío. Mira a tu alrededor. Yo soy Jesús... el Hijo del Dios viviente. Fui castigado por el pecado de todo el mundo. Allí en la cruz, por un momento breve, mi Padre me dio la espalda, para que así nunca jamás él tenga que dártela a ti.

Se humilló a sí mismo, haciéndose obediente hasta la muerte, y muerte de cruz.
Filipenses 2.8

2 Regalo inapreciable

Yo te amo. Estoy contigo. *Te perdono*. Vístete con las ropas limpias y hermosas de una vida nueva. Son mi regalo inapreciable y gratuito para ti. Lo más importante para mí no es lo que haces sino *quién tú eres*.

Las cosas viejas pasaron, he aquí, todas son hechas nuevas.
2 Corintios 5.17

Grandeza

3

¿Quieres ser grande? Entonces tienes que tener un corazón que anhele ayudar a los demás. Recuerda, el universo y *todo lo que hay en él* es mío y yo lo gobierno. Pero estoy entre ustedes como uno que sirve.

Yo estoy entre ustedes como uno que sirve.
Lucas 22.27 NTV

4 Tú también lo serás

Yo sé que no eres perfecto. *Pero yo te amo*. Estás seguro y protegido en el refugio de mis brazos poderosos. Mi discípulo, Pedro, no fue cambiado en un día. Pero sí fue cambiado. Y tú también lo serás.

Y todo aquel que invocare el nombre del Señor, será salvo.
Hechos 2.21

5 Un corazón en reposo

Ven. Descansa. Yo estoy contigo. Abre tu corazón. Reconoce que estoy aquí. ¡Levanta tus ojos! El cielo está oscuro y repleto de estrellas. El ruido de este día ajetreado finalmente llegó a su fin. Ven y habla conmigo.

> Pregunten por el camino antiguo, el camino justo, y anden en él. Vayan por esa senda y encontrarán descanso para el alma.
> Jeremías 6.16

6 Alegría de resurrección

Tengo un regalo hermoso para ti. Pero tus manos están tan ocupadas sosteniendo los tesoros de este mundo que no queda espacio para el regalo del cielo.

> Sé que buscan a Jesús el que fue crucificado. ¡No está aquí! Ha resucitado tal como dijo que sucedería.
> Mateo 28.5–6 NTV

7 Calvario

Mi regalo del día de resurrección es una nueva vida. Extendí mis brazos y morí para así poder dártelo. Abre tu corazón. Permíteme plantar allí las semillas del cielo. ¡Me levanté de la tumba para que puedas tener vida *eterna*!

> Los que aman su vida en este mundo la perderán. Los que no le dan importancia a su vida en este mundo la conservarán por toda la eternidad.
> Juan 12.25 NTV

8 Sal

Eres un hijo del cielo... mi hermoso escogido. No tengas miedo. Sal a la luz. Sí, tienes que vivir en este mundo enloquecido y desorientado. Pero no tienes que ser parte de su oscuridad.

> Salgan de entre los incrédulos y apártense de ellos, dice el Señor.
> 2 Corintios 6.17 NTV

9   Levántate

¡Levántate, hijito mío! ¡Ven a mí! Deja atrás, donde pertenecen, el pecado, la tristeza, el miedo y la duda. Te espera una vida nueva. ¡Sal a la luz!

> Levántate, resplandece,
> porque ha venido tu luz.
> Isaías 60.1

10   Cielo

En un palacio o en un establo, en una mansión o en una pocilga, hogar es donde está el corazón. Y donde mi corazón es bienvenido, ese hogar es el cielo.

> Dios resiste a los soberbios, y
> da gracia a los humildes.
> Santiago 4.6

11

No cedas

Recuerda que eres mi hijo. Y mis hijos tienen que ser diferentes. Caminos diferentes. Vidas diferentes. Corazones diferentes. ¿Has sido tentado a hacer el mal? Ama a tus amigos, pero no cedas.

No toquen sus cosas inmundas,
y yo los recibiré a ustedes.
2 Corintios 6.17 NTV

12 ¡Ayuda!

Nunca tengas miedo de pedir ayuda. Yo sé que no eres perfecto. Pero te amo con todo mi corazón. La ayuda que necesitas está a una oración de distancia.

Muchos verán lo que él hizo y
quedarán asombrados, pondrán
su confianza en el Señor.
Salmos 40.3 NTV

13 Amable

Ama. ¡Ríe! Sé amable con todo el mundo. Permite que tu corazón alegre haga de este mundo enojado un lugar mejor. Las cosas sencillas hechas con ternura y amabilidad crean un camino hermoso que conducirá a otros al cielo.

Que todo el mundo se dé cuenta de
que ustedes son buenos y amables.
Filipenses 4.5 TLA

14 Igualmente conectados

Cuando mis hijos unen sus corazones en oración, yo hago cosas maravillosas. Pero recuerda siempre... la luz y la oscuridad no deben conectarse. Si lo intentas, mi poder y bendición no llegarán.

No participen en nada de lo que hacen
los que no son seguidores de Cristo.
2 Corintios 6.14 TLA

15   Fuerzas

Puedes hacer todo lo que te propongas. Yo te daré mis
fuerzas, pero solo cuando tomes el tiempo para separarte
del ruido de este mundo insensato y descanses. Un
corazón cansado y confundido no te ayudará a ti... ni a
nadie.

> Todo lo puedo en Cristo que me fortalece.
> Filipenses 4.13

16   Amor y perdón

Amor y perdón. Ese es el secreto: la llave que abre todas
las puertas. El amor debe ser genuino. Tiene que estar
vivo. Porque Dios es amor. Y yo y mi Padre —al igual que
tú y yo— somos uno.

> El Padre y yo somos uno.
> Juan 10.30 NTV

17 Las dos alegrías

Existen dos tipos de alegría. La primera llega cuando abres tu corazón y me dejas entrar. La segunda, cuando comienzas a darte cuenta que yo estoy aquí, no tal vez ni algún día, sino justo ahora y *realmente*.

Hay gran alegría en tu presencia.
Salmos 16.11 DHH

18 Adiós a los días oscuros

Dios es amor. Cuando le das amor a alguien, le das a Dios. No habría días oscuros ni solitarios si mis hijos simplemente aprendieran a amar.

Queridos amigos, ya que Dios nos
amó tanto, sin duda nosotros también
debemos amarnos unos a otros.
1 Juan 4.11 NTV

19   Nuestra historia de amor

Tú me necesitas. Y mi mundo quebrantado te necesita a ti. Esta es nuestra historia de amor. Muchos corazones cansados y rotos se transformarán en corazones contentos y felices gracias al tiempo que tú pasas a solas conmigo.

Ustedes pueden orar por cualquier
cosa, y si tienen fe la recibirán.
Mateo 21.22 NTV

20   Un corazón quebrantado

Un corazón quebrantado es un corazón solitario. ¿Conoces a alguien que padezca de este dolor terrible? Quédate a su lado. Permanece allí hasta que el dolor y la angustia hayan desaparecido.

Nuestro Sumo Sacerdote comprende
nuestras debilidades.
Hebreos 4.15 NTV

21 **Todo está bien**

Yo estoy contigo. Estás seguro en mis brazos poderosos. No tengas miedo. Puede que vengan cambios. Pero siempre recuerda esto: yo soy el mismo ayer, hoy y por siempre. Relájate. Descansa. Todo está bien.

Jesucristo es el mismo ayer,
y hoy, y por los siglos.
Hebreos 13.8

22   No te quejes

Confía en mí y haz lo que te digo. Te daré todo lo que necesitas. Cumple mis mandamientos sin preguntas ni quejas. Yo soy el responsable de resolver el rompecabezas que tienes delante de ti. Permíteme conectar las piezas, y haré todo nuevo.

> Mi alma se alegrará en mi Dios.
> Isaías 61.10

23 ¡Demasiada habladuría!

Demasiada habladuría. ¡Demasiadas palabras! La torre de Babel fue edificada con palabras, palabras, palabras. ¿Acaso la rama le suplica a la vid por el alimento que necesita para crecer? ¡No! Ese alimento viene *naturalmente* porque son uno.

> Yo soy la vid y ustedes son las ramas.
> Juan 15.5 NVI

24 Déjame ir al frente

¿Has estado pescando toda la noche? ¿Está vacío tu pequeño barco? No te enojes. Déjame ir al frente. Ven. Toma tus redes. Rema hasta las aguas profundas. Esta vez *yo* llenaré tus redes con peces.

Y esta vez las redes se llenaron de tantos peces, ¡que comenzaron a romperse!
Lucas 5.6 NTV

25 Bendice a tus enemigos

¿Acaso hay alguien que te ha estado provocando al enojo o te ha incomodado? No trates de arreglarlo. En lugar de esto, ora por la persona. Pero no ores simplemente que *yo* la arregle o le dé lo que merece. *Pídeme que le bendiga.*

Ustedes deben amarse de la misma
manera que yo los amo.
Juan 13.34 TLA

26 Te daré descanso

«Todo es posible» no quiere decir que «tengo que hacer todo y cada cosa que todo el mundo me pida, siempre que me lo pidan, hasta que no tenga más remedio que suplicarle ayuda al cielo porque me he quedado sin fuerzas».

«Vengan a mí todos los que están
cansados y llevan cargas pesadas,
y yo les daré descanso».
Mateo 11.28 NTV

27 ¿Puedes verme?

Estoy aquí... justo a tu lado. ¿Puedes verme? ¿Puedes sentir el toque de mi mano? Dame tu corazón. Permíteme entrar. Quiero abrir tus ojos a la belleza del cielo.

> Bienaventurados los que no
> vieron, y creyeron.
> Juan 20.29

28 Travesía

Hasta lo más alto de la cima de las montañas. Hasta lo más profundo del valle más oscuro. Con tu mano en la mía, encontraremos a mis ovejas perdidas. Llevaremos mi luz a los lugares donde nunca antes la han visto.

> Todo lo que me ha sucedido en este lugar
> ha servido para difundir la Buena Noticia.
> Filipenses 1.12 NTV

29   Armonía y paz

Algunos días van a ser sombríos y hay cosas que van a ser difíciles. No te desanimes. Deja que la alegría llene tu corazón. La ternura, la bondad, la armonía y la paz son la luz que brilla desde una vela encendida por el cielo.

> Pidan, y se les dará, busquen, y encontrarán.
> Mateo 7.7 NVI

30   Primavera

Tu vida está llena con la promesa del cielo. El invierno terminó. La primavera llegó. Abre tu corazón. Ábrelo como una flor hermosa. Permíteme bendecirlo, y llenarlo con mi luz y mi amor.

> Él vendrá a nosotros como la lluvia, como
> la lluvia de primavera que riega la tierra.
> Oseas 6.3 LBLA

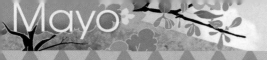

Mayo

1 Espera

Yo te amo y siempre te cuidaré. *Todo está bien.* Tu vida está conectada con las vidas de muchos otros. Así que no temas a la espera. Mientras tú esperas, *yo estoy trabajando.*

Pero los que esperan a Jehová
tendrán nuevas fuerzas.
Isaías 40.31

2   Corazones que sonríen

Puedes relajarte y disfrutar de este día hermoso. El sol está brillando. Los pájaros están cantando. El aire está despejado y cálido. Acércate. Vuelve tu mirada a mí. Permíteme llenarte con mi alegría, para que tu corazón pueda sonreír.

> Yo te he amado con amor eterno.
> Jeremías 31.3 DHH

3   Feliz cumpleaños

Yo te amo. Estoy vivo en tu corazón. Todo lo que tengo es tuyo. Sí, hay personas que te han lastimado. Pero tú has nacido de nuevo. Mi regalo de cumpleaños es un corazón nuevo. Y ese corazón —al igual que el mío— puede perdonar.

> Dichosos los pobres en espíritu, porque
> el reino de los cielos les pertenece.
> Mateo 5.3 NVI

4 Háblame de tus sueños

Confía en mí y pídeme cosas grandes. Alcanza y toma todo lo que he prometido. Hablé y el mundo apareció. Entonces, abre tu corazón. Háblame de tus sueños. Yo puedo convertirlos en realidad.

La fe es la certeza de lo que se espera,
la convicción de lo que no se ve.
Hebreos 11.1 LBLA

5   Déjame escoger

Cuando tus sueños son mis sueños, tus sueños se harán realidad. Así que confía en mí. Elimina los límites. Abre las ventanas de tu corazón. Déjame escoger el camino, ¡y espera a ver lo que voy a hacer!

> [Él] recompensa a quienes lo buscan.
> Hebreos 11.6 NVI

6   Atrévete a confiar

No tengas miedo de tocar el dolor de un corazón herido. Mi mundo está quebrantado y agotado. Y tu corazón tiene la medicina que el mundo necesita. Sé que no es fácil. Pero yo soy el Dios de lo imposible.

> Así que no nos cansemos de hacer el bien. A su debido tiempo, cosecharemos numerosas bendiciones si no nos damos por vencidos.
> Gálatas 6.9 NTV

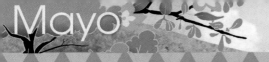

7 Contra la corriente

Hay días en los que puedes cruzarte de brazos y dejarte llevar por la corriente. Otros días, tienes que remar, remar y remar tu barco contra la corriente. No te desanimes. Toma tus remos. Déjame ser la fuerza que necesitas.

En la tranquilidad y en la
confianza está su fortaleza.
Isaías 30.15 NTV

8 En reposo

Te estoy dirigiendo. El camino está despejado. Escucha mi voz. Sigue adelante sin temor. Muévete despacio de una tarea a la que sigue. Luego detente, descansa y ora. Trabajo mejor cuando tu corazón está tranquilo.

Mi pueblo habitará en un lugar
de paz, en moradas seguras, en
serenos lugares de reposo.
Isaías 32.18 NVI

9   La música del cielo

Hay cosas que salen mal. La gente se enoja. Los amigos se van. No tienes que arreglarlo todo. No vas a poder hacerlo, aunque lo intentes. Así que déjamelo a mí. La armonía no es la música de la tierra. Es la música del cielo.

Nunca devuelvan a nadie mal por mal.
Romanos 12.17 NTV

10   Aminora el paso

¿Estás enojado, apurado, preocupado? ¡Aminora el paso! Estás a punto de cometer un error enorme. Mantente tranquilo y reconoce que yo soy Dios. Escucha mi voz. Confía en mí. Luego, haz exactamente lo que te dijo... y *nada* más.

En la tranquilidad y la confianza
estará su fuerza.
Isaías 30.15 DHH

11   Tres hilos

Un amigo verdadero es un regalo especial. Y un amigo cuyo corazón me pertenece es un tesoro del cielo. Dos corazones que me aman es algo maravilloso. Pero cuando esos dos se unen... ¡mi poder está ahí!

¡La cuerda de tres hilos no
se rompe fácilmente!
Eclesiastés 4.12 NVI

12   Alegría y gozo

El miedo es un ladrón. La duda es una mentirosa. Cierra las puertas y las ventanas de tu corazón. Nunca permitas que entren el miedo y la duda. ¡Enfrenta el día con alegría y gozo! Esto te protegerá de todas las tormentas.

Invócame en el día de la angustia,
yo te libraré, y tú me honrarás.
Salmos 50.15 RVC

13   No juzgues

No juzgues a los demás. Cada corazón es diferente. Y solo yo conozco lo que hay dentro de él. Tú no puedes cambiar a nadie. Ese rompecabezas es demasiado difícil, demasiado enredado, demasiado complicado para *cualquiera*, menos para mí.

No juzguen, y no se les juzgará.
Lucas 6.37 NVI

14 Aquí contigo

Te amo y morí por ti. Eres mi amigo. Me puedes contar todo, en cualquier momento y dondequiera. Entonces, ¡ven! Abre tu corazón. Háblame. ¡No te imaginas lo mucho que anhelo pasar este día contigo!

Yo te he amado con amor eterno.
Jeremías 31.3 DHH

15   Búscame primero

¿Qué estás buscando? ¿Qué es lo que tu corazón desea más que *cualquier otra cosa*? Busca primero mi reino, y todas esas cosas maravillosas también te serán añadidas.

¿Acaso alguna vez habló sin actuar?
¿Alguna vez prometió sin cumplir?
Números 23.19 NTV

16   Ora y adora

La oración cambia todo. Hace todo nuevo. Nada tiene el poder para interponerse. Así que ora, y sigue orando. ¡Pronto tus oraciones se convertirán en una canción de adoración hermosa!

Nunca dejen de orar.
1 Tesalonicenses 5.17 NTV

17 De tristeza a alegría

El llanto puede durar una noche. ¡Pero la alegría llega en la mañana! Mis hijos más valientes han aprendido que la mañana se acerca —y se acerca pronto—, sin importar lo oscuro que todo luzca ahora.

> Por la noche durará el lloro, y a la
> mañana vendrá la alegría.
> Salmos 30.5

18 Búscame

Búscame y tu preocupación desaparecerá. Búscame y tu tristeza se irá. Búscame y mi paz fluirá en tu corazón como un río poderoso. Búscame *y serás salvo*.

> ¡Que todo el mundo me busque para la
> salvación!, porque yo soy Dios, no hay otro.
> Isaías 45.22 NTV

19 Tu salvavidas

Sé que tienes miedo. Pero, confía en mí y descansa. Mis brazos no se han acortado para salvarte. Alcánzame. Sostente de mi Palabra. Es tu salvavidas. Cada promesa en la que crees te acerca más a la orilla.

> He aquí que no se ha acortado la
> mano de Jehová para salvar.
> Isaías 59.1

20 Lo ganas todo

Un corazón que confía en mí jamás puede ser conmovido. Así que, levántate. Enfrenta tus temores. Yo estoy contigo. Todo está bien. La maldad *tiene* que huir. Así que lucha para ganar. Cuando me ganas a mí, *lo ganas todo*.

> Su mano derecha obtuvo una
> poderosa victoria, su santo brazo
> ha mostrado su poder salvador.
> Salmos 98.1 NTV

21 # A mis pies

¿Quieres verme? Entonces tienes que entregarme todas tus inquietudes y preocupaciones. Tienes que dejarlas a mis pies y mostrarme un corazón feliz, lleno de alegría... listo y dispuesto a confiar en mí completamente.

Quítate las sandalias, porque
estás pisando tierra santa.
Éxodo 3.5 NTV

22 Dos tipos de confianza

Existen dos tipos de confianza. Una de ellas sabe cómo *y cuándo* esperar y esperar y esperar. La otra, no tiene miedo de moverse rápidamente cuando el camino correcto está por delante y yo he dicho: «¡Ve!».

Ustedes no han recibido un espíritu de
esclavitud que los lleve otra vez a tener miedo.
Romanos 8.15 DHH

23 Preocupaciones pequeñas

Las preocupaciones pequeñas pueden causar problemas grandes. ¿Está tu corazón turbado hoy? No permitas que las preocupaciones pequeñas se acumulen. Déjalas todas a un lado. Me pertenecen a mí. Ahí. Mucho mejor. Ahora eres libre.

Pongan todas sus preocupaciones
y ansiedades en las manos de Dios,
porque él cuida de ustedes.
1 Pedro 5.7 NTV

24 Más que suficiente

Me encanta dar más que suficiente. No solo unos pocos peces. Sino tantos peces que tus redes se rompan y tu barco comience a hundirse. Entonces recuerda, pide cosas grandes. Confía en mí. Luego comparte con alegría mi bendición.

Lleva la barca hacia la parte honda del lago, y echen allí sus redes para pescar.
Lucas 5.4 RVC

25   Sí, tú puedes

Puedes hacer todo lo que te propongas. Yo te daré las
fuerzas. No te rindas cuando las cosas se pongan difíciles.
No todos los caminos serán fáciles. Pero eso está bien.
Cuando tu fuerza se ha acabado, entonces comienza la mía.

Todo lo puedo en Cristo que me fortalece.
Filipenses 4.13

26   Pide más

¿Conoces a alguien que me ama y que parece hacer
cosas maravillosas con poder y naturalidad? Esto no ha
ocurrido por accidente. Tú *no has visto* todas las oraciones,
confianza y trabajo arduo que lo hizo posible.

Pidan y recibirán, para que su
alegría sea completa.
Juan 16.24 NVI

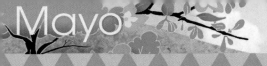

27   Raíces y frutos

¿Qué ocurre cuando siembras una semilla? Primero, de la semilla crece una raíz para que la planta esté firme en su lugar. Luego, cuando está firme y fuerte, nace de ella un fruto bueno que llena el mundo de belleza.

La semilla sembrada en buena tierra representa a los que oyen el mensaje y lo entienden y dan una buena cosecha.
Mateo 13.23 DHH

28   La prueba

¿Me amas realmente? No es difícil saberlo. He aquí la
prueba: ¿estás persiguiendo todas las cosas maravillosas
que yo puedo hacer? ¿O es suficiente —realmente
suficiente— solo detenerte y pasar tiempo conmigo?

> Vuélveme el gozo de tu salvación.
> Salmos 51.12

29   Olvida

Olvídate de los errores de ayer. Respira las bendiciones
de este día nuevo y hermoso. Tus brazos nunca serán lo
suficientemente fuertes como para llevar el peso de ayer
ni de las preocupaciones de mañana. Necesitas empacar
solamente para *hoy*.

> Este es el día que hizo el Señor, nos
> gozaremos y alegraremos en él.
> Salmos 118.24 NTV

30   La mejor arma

Un corazón alegre es una de las mejores armas que tienes
contra el poder del enemigo. ¡No existe maldad alguna
que pueda soportar la presencia de un corazón alegre lleno
de canciones de adoración y alabanza!

Alégrense siempre en el Señor.
Insisto: ¡Alégrense!
Filipenses 4.4 NVI

31   Sin palabras

Ora y sigue orando. Ora con palabras. Ora sin palabras.
Ora con bondad, ternura, paciencia y amor. Ora con tu
corazón, con tu vida, con tus pensamientos y con tus
obras. Con todo lo que tienes, con todo lo que eres, en
todo momento y de todas las maneras… ¡ora!

Nunca dejen de orar.
1 Tesalonicenses 5.17 NTV

1 Juntos hoy

Yo sé que no eres perfecto. Pero nunca lo serás. Así que no necesitas pedirme que te convierta en algo que no eres. Te amo tal cual eres. ¿Por qué no pasamos tiempo juntos hoy?

Acérquense a Dios, y Dios se
acercará a ustedes.
Santiago 4.8 NTV

2   Eres mío

Yo te amo. Eres mío. Todo lo que yo tengo es tuyo.
Toma de mi copa. Siente la alegría y el gozo, la tristeza
y el dolor, de la gente que te rodea. Búscales. Toca sus
corazones. Tráelos a casa, a mí.

> A los que buscan la paz entre las personas,
> Dios los premiará dándoles paz y justicia.
> Santiago 3.18 TLA

3   Con amor

El amor tiene el poder de cambiar todo. Así que ama a
todo el mundo sin reservas. Ama a tu familia. Ama a tus
amigos. Ama a la gente que te lastima. Ama a las personas
cuyos corazones están oscurecidos por el pecado. ¡Ámales
y muéstrales cómo amarme!

> El mayor de ellos es el amor.
> 1 Corintios 13.13

4 **En todo momento**

La belleza es trabajo. Y trabajar significa esperar. ¡Así que no temas! Yo sé los planes que tengo para ti. Tú *serás* mi sueño hecho realidad. Sé bondadoso contigo mismo. Sé bondadoso con los demás. En todo tiempo. Yo estoy contigo.

Les dará una corona de belleza
en lugar de cenizas, una gozosa
bendición en lugar de luto.
Isaías 61.3 NTV

5   Mi voz tierna

¡Escucha! Yo hablo suavemente. Apaga el estruendo y el alboroto de este mundo ruidoso y tonto, y escucharás mi voz tierna.

> Pero Dios no estaba en el viento.
> 1 Reyes 19.11 TLA

6   Necesidades

El débil necesita mi fuerza. El fuerte necesita mi bondad. El solitario necesita mi amistad. El religioso necesita mi corazón tierno por aquellos que han pecado. El pecador necesita mi salvación.

> Yo creo. ¡Ayúdame a creer más!
> Marcos 9.24 DHH

7 Belleza verdadera

La belleza verdadera solo viene del cielo. Corre hacia ella igual que la mariposa vuela hacia una llama. Síguela como un pajarito vuela tras su mamá. ¡Toma de ella como las flores toman del resplandor del sol!

Escuchen, y encontrarán vida.
Isaías 55.3 NTV

8 Al revés

Muchas personas están tan ocupadas buscando en el exterior las cosas que les harás felices que nunca se dan cuenta de todas las maravillas que he hecho para hacerlas feliz en el interior.

Permitir que el Espíritu les controle la
mente lleva a la vida y a la paz.
Romanos 8.6 NTV

9 ¡Salta!

Tu camino tendrá algunos tropiezos. Pero no es algo por lo que tengas que temer. Amárrate los zapatos. Corre la carrera que he establecido para ti. Cuando te encuentres con una valla, no reduzcas la velocidad. Confía en mí y ¡salta!

> Corramos con paciencia la carrera
> que tenemos por delante.
> Hebreos 12.1 LBLA

10 Saca más

¿Qué necesitas hoy? Yo tengo más que suficiente. Así que, pídeme. ¡Pídeme ahora! Mi pozo nunca se secará. Saca lo que necesitas para el día de hoy. Luego, regresa mañana, y saca más.

> Acumulen tesoros en el cielo, donde
> ni la polilla ni el óxido corroen.
> Mateo 6.20 RVC

11 La marca

Paz... ¡mantente tranquilo! *Paz* cuando las cosas marchan bien. *Paz* cuando todo está saliendo mal. Paz es la señal de un corazón lleno de fe. Es la marca que le dice a todo el mundo que eres mío.

Busca la paz y esfuérzate por mantenerla.
Salmos 34.14 NTV

12 Sobre la roca

Cuando escuchas mis palabras y haces lo que digo,
eres como una casa construida sobre la roca. No existe
tormenta que pueda moverte. Pero cuando escuchas y no
obedeces, la tormenta arrastrará tu reino como un castillo
hecho de arena.

> Cualquiera, pues, qùe me oye estas palabras,
> y las hace, le compararé a un hombre
> prudente, que edificó su casa sobre la roca.
> Mateo 7.24

13 De mi corazón

Sí, la montaña que tienes delante de ti es alta. El camino
es empinado y será difícil de escalar. Pero todos tus
anhelos vienen directo de mi corazón. Confía en mí y
sigue adelante sin temor. Tu poder para ayudar a otros no
será nada menos que un milagro.

> Si tienen fe y no dudan...
> Mateo 21.21 NTV

14 Lo que necesita cambiar

Sí, lo sé. Justo en este momento están ocurriendo demasiadas cosas. Y muchas de ellas son difíciles de entender. Pero no es nada de eso lo que necesita cambiar. Lo que necesita cambiar es tu corazón.

Crea en mí, oh Dios, un corazón limpio.
Salmos 51.10 NVI

15   ¡Despierta!

Tengo un plan extraordinario para ti... un plan mucho mejor que cualquiera que hayas podido desear o soñar. Cuando me entregas tus metas y comienzas a buscarme, todos tus sueños se hacen realidad.

> Todo lo demás no vale nada cuando
> se le compara con el infinito valor
> de conocer a Cristo Jesús.
> Filipenses 3.8 NTV

16   Búscame primero

Confía en mí. Pon tu mano en la mía y camina conmigo hoy. Búscame primero... antes de que las preocupaciones y las angustias de este día tengan la oportunidad de entrar y ahogar el suave susurro de mi amor.

> Dios mío, ¡tú eres mi Dios! Yo te
> buscaré de madrugada.
> Salmos 63.1 RVC

17 Pronuncia mi nombre

Mi nombre es poder. Es el nombre que está por encima de todo nombre. El que provoca que se doble toda rodilla en el cielo y en la tierra, que huya toda maldad y que toda oscuridad estalle en luz celestial. Mi nombre es *Jesús*.

> Para que, ante el nombre de Jesús,
> se doble toda rodilla en el cielo y
> en la tierra y debajo de la tierra.
> Filipenses 2.10–11 NTV

18 Espera

¿Quieres servirme? Entonces tienes que aprender a descansar y esperar. Deja a un lado todas tus preocupaciones y ajetreo. Ven y siéntate a mis pies. ¡Ah, los milagros que podría hacer si tan solo aprendieras a esperar!

> Subió al monte a orar aparte.
> Mateo 14.23

19   Éxito

¿Quieres tener éxito? Entonces tienes que hacer lo que yo digo. El camino de la obediencia lleva al trono de Dios. El tesoro que tu corazón tanto anhela se encuentra al final de ese camino maravilloso.

> Humíllense delante del Señor,
> y él los enaltecerá.
> Santiago 4.10 DHH

20   Milagros, otra vez

Espera pacientemente por mí. Escucha mi voz con mucho cuidado. Cuando me hayas escuchado, haz lo yo que digo *pase lo que pase*.

> Y no hizo allí muchos milagros, a
> causa de la incredulidad de ellos.
> Mateo 13.58

21 Como yo veo

Oh, mi hijito precioso, ¡cuánto anhelo bendecirte! Ven.
Siéntate conmigo. ¡Déjame llenar tu corazón con alegría!
Cierra tus ojos y ve como yo veo. Te amo y te voy a cuidar.
Yo soy tu refugio de la tormenta.

Dios tenga misericordia de nosotros,
y nos bendiga, haga resplandecer
su rostro sobre nosotros.
Salmos 67.1

22   Tu Mar Rojo

Sigue adelante sin temor. No te preocupes por el Mar
Rojo que tienes por delante. Cuando llegues allí, las aguas
se dividirán. Y caminarás a través de él sobre tierra seca,
hacia la libertad, hacia tu tierra prometida.

> Y toda la noche el Señor envió sobre el
> mar un recio viento del este que lo hizo
> retroceder, convirtiéndolo en tierra seca.
> Éxodo 14.21 NVI

23   Aférrate a mí

Ven. Pon tu mano en la mía. Permite que mi vida fluya
en la tuya. Sé que estás cansado. Es tiempo de descansar.
Suelta tus cargas. Deja que te lave con olas de alegría. Te
amo. Voy a cuidar de ti. *Descansa.*

> En lugares de delicados pastos me hará
> descansar, junto a aguas de reposo
> me pastoreará. Confortará mi alma.
> Salmos 23.2–3

24 El próximo paso

Cuando sabes lo que quiero que hagas, hazlo sin temor. Cuando no estés realmente seguro, confía en mí y da el próximo paso. No te preocupes ni te asustes. Simplemente haz la tarea que tienes delante de ti *y espera*.

El Señor es mi luz y mi salvación,
entonces ¿por qué habría de temer?
Salmos 27.1 NTV

25 Amigo de Dios

Tú eres mi amigo. Y yo soy el tuyo. Sí, creé los cielos y la tierra, y todo lo que hay en ellos. Pero nada se compara a lo mucho que te amo y anhelo estar contigo.

«Le creyó Abraham a Dios, y esto se
le tomó en cuenta como justicia»,
y fue llamado amigo de Dios.
Santiago 2.23 NVI

26 No te apresures

¿Por qué tienes tanta prisa? Aminora el paso. Espera por mí. No permitas que las cosas pequeñas te hagan tropezar. Las cosas pequeñas son *cosas pequeñas*. Déjamelas a mí, o se convertirán en cosas grandes.

Espero al Señor, lo espero con toda el alma,
en su palabra he puesto mi esperanza.
Salmos 130.5 NVI

27 Eres perdonado

Las nubes se disiparán. El cielo se despejará. Te estoy sosteniendo en mis brazos. Olvida el pasado. El pasado quedó atrás. Hoy es un nuevo día. Eres perdonado. Ahora vete y no peques más.

> El Dios eterno es tu refugio, y sus
> brazos eternos te sostienen.
> Deuteronomio 33.27 NTV

28 Mi mesa

Tu tiempo de prueba ha tenido un propósito. He puesto una mesa delante de ti. Está llena de cosas maravillosas, hermosas y extraordinarias. Así que toma lo que quieras. Tu copa está llena. Estaremos juntos *para siempre*.

> Ciertamente el bien y la misericordia me
> seguirán todos los días de mi vida.
> Salmos 23.6

29 Tu alegría

Nunca podrás estar más allá de mi amor y cuidado. Déjame todo a mí. Nada es imposible. Tú no puedes ver el mañana, pero yo sí. Y estoy obrando todo en tu favor.

Aun antes de que haya palabra en mi boca,
he aquí, oh Señor, tú *ya* la sabes toda.
Salmos 139.4 LBLA

30 Brilla como el sol

Lleva alegría contigo, dondequiera que vayas. Has sido bendecido. Ahora debes bendecir a otros. Sé un rayo de sol para cada persona que encuentres. Deja que tu amor le dé la vuelta al mundo... un corazón a la vez.

Ámense unos a otros de la misma
manera en que yo los he amado.
Juan 15.12 NTV

1 Ataca el miedo

¡No temas! Mi Palabra es más afilada que una espada de dos filos. Cuando el miedo intente abalanzarse sobre ti, no retrocedas. Mantente firme... ¡ataca! Pronuncia mis palabras de vida y el diablo huirá.

> Porque no nos ha dado Dios espíritu de cobardía, sino de poder, de amor y de dominio propio.
> 2 Timoteo 1.7

2 Valiente y alegre

¿Te parece resbaladizo y empinado el camino que tienes por delante? Enfréntalo con un corazón valiente y alegre. No necesitas saber qué ocurrirá mañana. Todo está bien. La fe es el barco celestial que te llevará sin percances a la orilla.

> Todo el que desee acercarse a Dios debe creer que él existe y que él recompensa a los que lo buscan con sinceridad.
> Hebreos 11.6 NTV

Saciado

¿Tienes el estómago vacío? ¡Cómete algo! ¿Está tu *corazón*
vacío, triste, perdido o confundido? Bienaventurados
los que tienen hambre y sed de pasar este día hermoso
conmigo... porque ellos serán saciados.

Bienaventurados los que tienen hambre y
sed de justicia, porque ellos serán saciados.
Mateo 5.6

4

Yo soy tu amigo

Yo soy tu amigo. Piensa en esto: ¡soy tu mejor amigo!
Listo para ayudar. Listo para sanar. Listo para dar.
Poderoso para salvar. Más que todo lo que puedas anhelar
o soñar. Yo soy Dios... ¡yo soy tu amigo!

Así que no pierdan la confianza, porque
ésta será grandemente recompensada.
Hebreos 10.35 NVI

5 Yo soy fuerte

Yo estoy contigo. Nada en este mundo puede impedir que se cumpla mi voluntad. Sí, la tormenta está embravecida. Y las olas son enormes y violentas. Pero yo soy tu capitán. Y llevaré tu pequeño barco a puerto seguro.

> Integridad y rectitud me guarden,
> porque en ti he esperado.
> Salmos 25.21

6 Recibirás

Siempre me aseguraré de que tengas todo lo que necesitas para vivir y ser feliz. Entonces, confía en mí. Confía en que cumpliré mi palabra. Entierra tus temores y dudas de una vez por todas. *Pide y recibirás.*

> Pidan, y Dios les dará, busquen,
> y encontrarán, llamen a la
> puerta, y se les abrirá.
> Mateo 7.7 DHH

7 Valor recompensado

Mi ayuda, paz y alegría están aquí. Tu valor será recompensado. Sigue orando. Pronto verás porqué todo ocurrió como ocurrió. El éxito jamás te hará feliz. La felicidad viene solo de mí.

> Porque el Señor al que ama, disciplina.
> Hebreos 12.6

8 El secreto

Te estoy dirigiendo. Según aprendes a confiar más y más en mí, comenzaré a mostrarte exactamente lo que quiero que hagas. Así que convierte mis metas en tus metas, y mis sueños en tus sueños. Y cuando lo hagas, esos sueños se harán realidad.

> Te guiaré por el mejor sendero para tu
> vida, te aconsejaré y velaré por ti.
> Salmos 32.8 NTV

9 ¿Por qué dudar de mí?

La alegría es como la risa. Déjala salir, y muy pronto todo el mundo se estará riendo también. ¡Alégrate! ¡Permite que tu corazón sea lleno con alegría! ¿Por qué dudas de mí? Yo soy tu amigo. Siempre estaré justo a tu lado.

Cantaré al Señor porque él
es bueno conmigo.
Salmos 13.6 NTV

10 Espera otro

Yo te amo y cuidaré de ti. Estoy pendiente de todo lo que haces. Así que espera un milagro. ¡Y luego espera otro! Cada día puede ser un día de milagros cuando me das la bienvenida en tu corazón feliz.

Lo imposible para los hombres,
es posible para Dios.
Lucas 18.27 LBLA

11   Mis ángeles

Yo te amo y cuidaré de ti. Eres mío. Eres hijo del Rey de reyes. Todos los ángeles del cielo están listos para ayudarte y protegerte. Simplemente están esperando por mi orden.

Pues él ordenará a sus ángeles que
te protejan por donde vayas.
Salmos 91.11 NTV

12   Espera cosas buenas

¿Confías en mí lo suficiente para esperar cosas buenas? Es muy fácil quedarse sentado y decir que nunca ocurrirá nada bueno. ¿Por qué? Porque eso no requiere tener fe. Pero sin fe *es imposible agradar a Dios.*

Sin fe es imposible agradar a Dios.
Hebreos 11.6

Salvo

Si sacas del agua a un hombre que se está ahogando, ¿qué haces? ¿Lo lanzas de nuevo en un lugar más profundo? ¿Buscas una cascada y lo tiras allí? ¡Claro que no! Lo secas y lo colocas sobre tierra firme. ¿Por qué haría yo menos que esto por ti?

> Si con tu boca reconoces a Jesús como
> Señor, y con tu corazón crees que Dios
> lo resucitó, alcanzarás la salvación.
> Romanos 10.9 DHH

14   Éxito verdadero

¡Alégrate! Estoy cuidando cada minuto de este día nuevo y hermoso. No eres demasiado joven. Nunca serás demasiado viejo. Eres mío y somos eternos... ¡estamos vivos y llenos de vida *para siempre*!

A ti, oh Jehová, Señor, miran mis
ojos, en ti he confiado.
Salmos 141.8

15 Canciones para el camino

Hay días que son oscuros y solitarios. Y no tienes por qué permitir que esto te moleste. Le ocurre a todo el mundo. Pablo y Silas estuvieron encarcelados en prisión. ¿Qué hicieron? ¡Me cantaron hermosas canciones de adoración!

¡Que todo lo que respira alabe al Señor!
Salmos 150.6 RVC

16 Un lugar seguro

Confía en mí. Conoce mi poder. Déjame hacer morada en tu corazón. Ama y ríe. Te estoy cuidando y protegiendo. Soy una torre fuerte. Un lugar seguro... un refugio eterno ante cualquier tormenta.

El nombre del Señor es una fortaleza firme,
los justos corren a él y quedan a salvo.
Proverbios 18.10 NTV

17 Paz... mantente tranquilo

Paz. ¡Mantente tranquilo! Permíteme llenar con alegría tu corazón. ¡Tengo tanto que enseñarte! Pero no puedes aprender si tu corazón no está tranquilo. Así que acércate. Déjame llevarte junto a aguas de reposo. Yo puedo hacer *todo* nuevo.

> En lugares de delicados pastos me hará descansar, junto a aguas de reposo me pastoreará. Confortará mi alma.
> Salmos 23.2–3

18 Camina humildemente

Confía en mí. Dame tu corazón. Permíteme hacer todo nuevo. No te preocupes por lo que la gente pueda pensar. Ni por lo que la gente pueda decir. Simplemente abre tu corazón y dame la bienvenida.

> Ya se te ha dicho lo que de ti espera el Señor: Practicar la justicia, amar la misericordia, y humillarte ante tu Dios.
> Miqueas 6.8 NVI

19 Milagros maravillosos

Yo estoy contigo. Sígueme y no temas. Cosas maravillosas están a punto de ocurrir. Recuerda, ¡hacer milagros es lo mío! Nada es demasiado grande ni difícil para mí.

> Hiciste los cielos y la tierra con tu mano fuerte y tu brazo poderoso. ¡Nada es demasiado difícil para ti!
> Jeremías 32.17 NTV

20 Cosas sencillas

¡Ah, hijito mío, las cosas de este mundo no son para ti! Ama las cosas sencillas. Una vida simple y sencilla trae alegría y paz. Haz todo lo que yo te pida, y déjame el resto a mí.

> ¡Hagan todo lo que les diga y les irá bien!
> Jeremías 7.23 NTV

21   Senda de alabanza

¿Acaso tu día soleado se volvió gris y lluvioso? Entonces, tienes que aprender a caminar por la senda de la alabanza. Cuando lleguen los problemas, piensa en todas las razones que tienes para estar agradecido. Y luego, ¡alaba, alaba y alaba!

Canten al Señor una nueva canción, canten sus alabanzas en la asamblea de los fieles.
Salmos 149.1 NTV

22   Mayores obras

¡Mayores obras! El ciego puede ver. El cojo puede caminar. El enfermo es sanado. El mundo puede oír las buenas noticias sobre mi Hijo. Sí, puedes pedir cualquier cosa en mi nombre —cualquier cosa— ¡y yo lo haré!

> El que cree en mí, hará también las
> obras que yo hago, y aun mayores
> obras hará, porque yo voy al Padre.
> Juan 14.12 RVC

23   La paz que te falta

Tengo un regalo para ti —un regalo que nadie podrá quitarte jamás. Ese regalo es *mi paz*. ¿Estás preocupado o sientes miedo? Entonces tal vez la dejaste fuera de sitio. Para lo que estés haciendo y *búscame* hasta que la encuentres.

> Y la paz de Dios, que sobrepasa todo
> entendimiento, guardará vuestros corazones.
> Filipenses 4.7

24 Cerca de mí

¿Necesitas saber cuál camino seguir? Entonces, quédate cerca de mí. Yo soy el camino, la verdad y la vida. El secreto para un corazón puro, limpio, en paz y poderoso es simplemente permanecer bien, bien cerca de mí.

Yo soy el camino, y la verdad, y la vida.
Juan 14.6

25 Vida maravillosa

Soy tu amigo. ¡El Señor de tu vida! Este buen día y todo lo que hay en él está seguro en la palma de mi mano. Te dirigiré. Te guiaré en cada paso del camino. Tu vida es mi vida... ¡y esa vida es *maravillosa*!

> Lo colmaré con muchos años de vida
> y le haré gozar de mi salvación.
> Salmos 91.16 NVI

26 Perdona y olvida

Olvida el pasado. ¡El pasado ya pasó! Llena este buen día con amor y risa. Perdona *todo* y trata a *todo el mundo* de la misma manera en que me tratarías a mí.

> Señor, ¿cuántas veces perdonaré a mi
> hermano que peque contra mí?
> Mateo 18.21

27   Camina conmigo

Oh, mi hijito mío, ¡cuánto me gusta estar contigo! ¡Si solo supieras la alegría que llena mi corazón cuando estamos juntos! Ven, camina conmigo hoy otra vez.

¡Vengan, subamos a Sión, al
monte del Señor, nuestro Dios!
Jeremías 31.6 NVI

28   Salta de alegría

Yo soy tu escudo. Este mundo no puede tirarte nada que pueda lastimarte. Sí, has cometido algunos errores. Y cometerás algunos más. Tu camino va a tener tropiezos. Pero yo te enseñaré a brincarlos con alegría.

El Señor es mi fortaleza y mi escudo, confío en él con todo mi corazón. Me da su ayuda y mi corazón se llena de alegría.
Salmos 28.7 NTV

29   Felices y verdes

En este mundo tendrás problemas. Pero, ¡alégrate! El camino por delante está repleto con rayos de sol. Los árboles están resplandecientes, felices y verdes. Las montañas están vivas con el perfume de flores hermosas. Porque yo soy el Dios todopoderoso... ¡yo he vencido al mundo!

Yo he vencido al mundo.
Juan 16.33

30   Fe recompensada

Abraham creyó mi promesa... y tuvo más hijos que estrellas en el cielo. Moisés creyó mi promesa... y mi pueblo vio la Tierra prometida. Confía en mí hoy... ¡yo recompenso a los que me buscan!

> Él recompensa a los que lo
> buscan con sinceridad.
> Hebreos 11.6 NTV

31 Un corazón agradecido

¿Quieres hacerme feliz? ¡Regálame un corazón agradecido! No dejes ninguna piedra sin voltear en tu búsqueda de maneras nuevas y maravillosas para darme las gracias por todas las cosas buenas que he hecho.

> Y cayó al suelo, a los pies de Jesús, y le
> agradeció por lo que había hecho.
> Lucas 17.16 NTV

1

Amistad

Nunca te dejaré. Nunca dejaré de amarte. No hay poder en el cielo ni en la tierra que pueda provocar que deje de amarte. Nuestros corazones son uno. Nuestras vidas son una. Tú eres mi amigo.

No te desampararé, ni te dejaré.
Hebreos 13.5

2 Cosecha

Me encanta bendecirte. Y lo haré. Pero antes de que una semilla pueda ser plantada, el terreno tiene que estar listo. Tu corazón es como un buen terreno. La oración es la herramienta que lo prepara para una cosecha de bendiciones.

Y otra parte cayó en tierra buena y dio fruto.
Mateo 13.8 LBLA

3 Amor o dinero

Me gusta cuando das, porque hay muchísimas personas en necesidad. Pero jamás pienses que el dinero es el mejor regalo que tienes para ofrecer. El mejor regalo es el *amor*.

Y ahora permanecen la fe, la esperanza y el amor, estos tres, pero el mayor de ellos es el amor.
1 Corintios 13.13

4 Vivo para siempre

Estás vivo con la vida que viene del cielo. La vida nueva y maravillosa que he puesto en tu corazón perdurará *para siempre*. Ahora bien, cuando compartes esa nueva vida, las cosas que dices y haces también vivirán para siempre.

> Mis ovejas escuchan mi voz, yo las conozco, y ellas me siguen. Les doy vida eterna, y nunca perecerán.
> Juan 10.27–28 NTV

5 En tiempo de necesidad

Yo soy tu sanador. Tu alegría. Tu Señor. Pronuncia mi nombre y estaré a tu lado. He estado aquí todo el tiempo. Observando silenciosamente. Protegiéndote silenciosamente. Tu tiempo de necesidad es mi tiempo para aparecer.

> Clama a mí, y yo te responderé, y te enseñaré cosas grandes.
> Jeremías 33.3

6   Tiempo a solas

Ven. Descansa en mí. Si el Hijo de Dios necesitaba tiempo a solas con el Padre, ciertamente tú también lo necesitas.

> Cuando ores, apártate a solas, cierra la puerta detrás de ti y ora a tu Padre en privado. Entonces, tu Padre, quien todo lo ve, te recompensará.
> Mateo 6.6 NTV

7   Todo está bien

¿Por qué estás preocupado? Todo está bien. No tienes que sentir miedo *jamás*. ¡Oh, hijito mío, confía en mí! Repite estas palabras hasta que las conozcas al dedillo: «Te amo y cuidaré de ti. *Todo está bien*».

> Busco tu ayuda, oh Soberano
> Señor. Tú eres mi refugio.
> Salmos 141.8 NTV

8   Vacíate

No sigas intentando salvarte a ti mismo. ¡Pídeme ayuda! Toma lo que te doy, y luego pide más. No te limites. Confía en mí completamente. Vacíate. Yo te llenaré una y otra y otra vez.

> Si alguno tiene sed, venga a mí y beba.
> Juan 7.37

9   Hogar

Ven. Háblame. Deja que mi corazón sea tu hogar. Mis caminos son rectos. Mi senda es segura y confiable. Hay un tesoro esperando por ti. Encuéntralo y ¡vivirás para siempre!

> Muéstrame la senda correcta, oh Señor, señálame el camino que debo seguir. Guíame con tu verdad y enséñame.
> Salmos 25.4–5 NTV

10   Mi ovejita

Eres mi ovejita. Yo soy tu pastor. Mantente cerca de mí y todo va a estar bien. Nada puede lastimarte mientras que estás a mi lado.

> El Señor es mi pastor, tengo todo lo que necesito. En verdes prados me deja descansar, me conduce junto a arroyos tranquilos. Él renueva mis fuerzas.
> Salmos 23.1–3 NTV

11   Eres mío

Confía en mí. ¡Cree en mí! Eres mío. No tienes porqué sentir miedo. Yo creé los cielos y la tierra. Colgué las estrellas en el cielo. Toma mi mano. Te sacaré de la oscuridad y te llevaré a la luz.

> Los protegía y los preservaba mediante el nombre que me diste, y ninguno se perdió.
> Juan 17.12 NVI

12   Este es el momento

Recuerda, yo escucho y contesto cada oración. ¿Hay algo que se haya complicado de momento? ¿Se han vuelto las cosas oscuras y grises? No te rindas ni huyas. Este no es el momento para rendirte. ¡Este es el momento *para orar!*

> Por la gracia de Dios soy lo que soy, y su gracia para conmigo no ha sido en vano.
> 1 Corintios 15.10 RVC

Perfecto

No te preocupes por lo que piense la gente. No te preocupes por lo que diga la gente. No tienes que ser *nadie* sino tú mismo. Te amo. *Te creé.* Eres perfecto... tal y como eres.

Te alabo porque estoy maravillado, porque
es maravilloso lo que has hecho.
Salmos 139.14 DHH

14 El mejor de los regalos

La vida es un regalo, un regalo del cielo. Es el mejor regalo de todos... ¡un regalo gratuito para *todo* el que sea lo suficientemente valiente para tomarlo! Entonces, alcánzalo. Abre tu corazón. Permíteme llenarlo con tesoros del cielo.

Ya no vivo yo, sino que Cristo vive en mí.
Gálatas 2.20 NTV

15 Sígueme

Te guiaré en todo lo que hagas. No te estoy castigando por los errores del pasado. Pero tienes que seguirme y hacer lo que te digo. Tengo un plan para ti. Te voy a usar. *Pero tienes que seguirme..*

Sino que esto sucedió para que la obra
de Dios se hiciera evidente en su vida.
Juan 9.3 NVI

16 Trabajo con cansancio

El trabajo con cansancio nunca es buen trabajo. Siempre tiene que hacerse otra vez. Si sigues haciéndolo a la fuerza, ¡se va a romper por algún lado! Así que detente y descansa. Detente ahora mismo. Permíteme tomar tus nervios extenuados y darles paz.

Les dejo un regalo: paz en la
mente y en el corazón.
Juan 14.27 NTV

17 La naturaleza canta

Ven a mí. Sal y juega. ¡Toda la creación está esperando aquí por ti! Mi sol está brillando. Mis pájaros están cantando. ¡Permíteles llenar tu corazón con alegría!

Los cielos cuentan la gloria de Dios, y el firmamento anuncia la obra de sus manos.
Salmos 19.1

18 En el camino

Dos niños salieron en un viaje. Uno jugaba con cada flor que encontraba y disfrutaba el paisaje en el camino. El otro pateaba y gritaba a cada paso. Ambos fueron a los mismos lugares. Ambos vieron las mismas cosas. Pero solo uno me siguió realmente.

Me complace hacer tu voluntad, Dios mío.
Salmos 40.8 NTV

19 Mi templo

Tú eres mi templo —una ofrenda viva de acción de gracias y alabanza. Póstrate delante de mí. Déjame llenarte con mi gloria. El poder que tengo para darte solo está limitado por tu disposición para recibirlo.

> Y pasaban todo su tiempo en el templo, adorando a Dios.
> Lucas 24.53 NTV

20 Extiende tus alas

Tú me has dado tu corazón. Y yo le he dado alas a tu corazón —alas que te llevarán hasta el cielo. Así que olvida el pasado. Ya no eres una oruga. Eres una mariposa hermosa. Extiende tus alas y aprende a volar.

> Las cosas viejas pasaron, he aquí todas son hechas nuevas.
> 2 Corintios 5.17

21 Canta otra vez

¡Yo hago todas las cosas nuevas! Cada buen regalo que tienes fue enviado para romper las cadenas que ataban tu corazón a este mundo cansado. Deja que mis bendiciones sanen tu corazón quebrantado para que puedas cantar otra vez.

¡Te entonaré una nueva canción, oh Dios!
Salmos 144.9 NTV

22 Rayos de sol

Tus dolores y pruebas son un regalo. Son las llaves que pueden desatar las cadenas de un corazón quebrantado. Así que comparte lo que sabes con alguien en necesidad. Eso llenará su día gris con rayos de sol.

Evitaste que mis pies tropezaran para que ante ti camine en la luz de la vida.
Salmos 56.13 RVC

23 ¡Mira hacia arriba!

Estás escalando una montaña. No permitas que cada piedrecilla u obstáculo te desanime. La vista desde la cima será simplemente extraordinaria. Así que recuerda, no mires hacia abajo... ¡mira hacia arriba!

Pues, si somos fieles hasta el fin, confiando en Dios con la misma firmeza que teníamos al principio, cuando creímos en él, entonces tendremos parte en todo lo que le pertenece a Cristo.
Hebreos 3.14 NTV

24   Sigue escalando

Yo te amo. Yo soy *tu Padre celestial*. Y haré lo que es mejor para ti, en cada momento y siempre. Entonces, confía en mí para todo. Y sigue escalando. *Todo es posible* cuando tu corazón me pertenece.

Jehová, roca mía y castillo
mío, y mi libertador, Dios mío,
fortaleza mía, en él confiaré.
Salmos 18.2

25 Uno al lado del otro

Si me buscas, me vas a encontrar. Todo el que ha pedido mi ayuda la ha recibido. Sí, mi sendero es estrecho. Pero hay espacio suficiente para que caminemos uno al lado del otro. Llámame y estaré allí.

> Cuando ustedes me busquen, me hallarán, si me buscan de todo corazón.
> Jeremías 29.13 RVC

26 No temas

En este mundo tendrás problemas. Pero no permitas que te molesten. ¡Deja que tu corazón sea lleno de alegría! Estoy cuidando cada detalle en tu vida. Todo obrará *para tu bien*.

> No temas, porque yo te he redimido, te he llamado por tu nombre, mío eres tú.
> Isaías 43.1 LBLA

27 Desenredado

Confía en mí. Entrégame tu vida enredada y confundida, y permíteme hacerla nueva. Sí, tomará tiempo. Y tal vez hasta duela un poco. Pero yo te amo. Voy a hacer todo bueno y verdadero.

En la tranquilidad y en la confianza está su fortaleza.
Isaías 30.15 NTV

28   Anhelo de ayuda

Un corazón que anhela ayudar es como un regalo enviado desde el cielo. Puede convertir la oscuridad en luz, la tristeza en alegría, la desesperanza en sanidad, y un final amargo en un comienzo dulce.

Pondré mis ojos en los fieles de la tierra.
Salmos 101.6 NVI

29   En mi nombre

Oh, hijito mío, extiende tu manita. Colócala en la mía. Apriétala y pronuncia mi nombre. ¡Jesús! ¡Jesús! Fuerza y sanidad. Poder y fortaleza. ¡Todo lo que jamás puedas necesitas está en mi nombre!

Dios ... le dio un nombre que
es sobre todo nombre.
Filipenses 2.9

30 Da, da y da

Da y sigue dando. Todo lo que tengo es tuyo. Así que abre tu corazón. Da esperanza. Da paz. Da bondad. Da amor. Extiende tu mano y dale a alguien el regalo del cielo.

Dios bendice al que es generoso.
Proverbios 22.9 TLA

31 Más cerca de mí

¿Quieres ayudar a otros? Entonces mantente más y más cerca de mí. Tus oraciones son la madera que mantendrá la chimenea encendida. Nuestro tiempo juntos es la chispa que avivará la llama.

Este género con nada puede
salir, sino con oración.
Marcos 9.29

1 Ciertamente rico

Jamás te abandonaré. Nunca te faltará mi amor. Todo lo que yo tengo es tuyo. Mi amor nunca te fallará. Mi fortaleza siempre estará contigo. Mi paciencia no tiene fin. ¡Ciertamente eres rico!

Estén contentos con lo que tienen,
pues Dios ha dicho: «Nunca te
fallaré. Jamás te abandonaré».
Hebreos 13.5 NTV

2   Proveeré

Yo soy Dios. Siempre te daré todo lo que necesites. Llena
tu corazón con un jardín hermoso de fe y confianza.
Riégalo con un corazón alegre y agradecido, y espera para
que veas lo que voy a hacer.

A ese sitio Abraham le puso por
nombre: «El *Señor* provee».
Génesis 22.14 NVI

3   Más del cielo

¿Por qué estás preocupado? ¿Por qué tienes miedo? ¡Mira
hacia arriba! Alza tus ojos al cielo. Camina conmigo.
Háblame. Corre a mis brazos. Permíteme hacer de tu
corazón mi hogar *para siempre*.

Recuerdo tus obras maravillosas
de tiempos pasados. Siempre
están en mis pensamientos.
Salmos 77.11–12 NTV

4 Suéltalas

Suelta tus cargas. ¡Suéltalas todas! Pon tus temores y preocupaciones a mis pies, *y déjalas ahí.* No sigas tratando de cargarlas. Son demasiado pesadas. Confía en mí y deja que cante tu corazón feliz.

> Echa sobre Jehová tu carga, y
> él te sustentará, no dejará para
> siempre caído al justo.
> Salmos 55.22

5 Creciendo

Las leyes del cielo están creciendo y floreciendo. Así que extiende tus manos. Extiende tu corazón. Vuelve tu rostro hacia el sol. Deja que mi luz y mi calor te acerquen más al cielo.

Tu justicia, oh Dios, llega a las alturas.
Salmos 71.19 RVC

6 Seres amados

Tus seres amados están seguros y protegidos en mis brazos. ¡Ah, pero cuánto necesitan tu bondad y tus oraciones!

Queridos amigos, sigamos amándonos unos a otros, porque el amor viene de Dios. Todo el que ama es un hijo de Dios.
1 Juan 4.7 NTV

7   Mis brazos

Mis brazos son fuertes y poderosos. Ellos te protegerán de toda tormenta. Están ahí para ayudarte en tiempos de prueba. Son tu refugio cuando tienes miedo. Te están sosteniendo justo en este momento.

> El Dios eterno es tu refugio, y sus
> brazos eternos te sostienen.
> Deuteronomio 33.27 NTV

8   Tubería tapada

¿Se ha secado tu pozo? ¡Algo está tapando la tubería! Da libremente, con un corazón alegre, y todas las bendiciones del cielo comenzarán a fluir otra vez.

> Den, y recibirán.
> Lucas 6.38 NTV

9   Primero lo primero

Necesitamos trabajar primero en *tu* jardín. ¡Así que empecemos! Arranca la hierba mala. Remueve el terreno. Planta las semillas. ¡Poda las ramas! Cuando *tu terreno* esté listo, podemos comenzar a trabajar en el de los demás.

> Yo soy la vid, vosotros los pámpanos,
> el que permanece en mí, y yo en
> él, éste lleva mucho fruto.
> Juan 15.5

10   Dios y el dinero

¿Quieres cada regalo bueno y perfecto que tengo para ti? ¿Quieres también todo lo bueno que ofrece el mundo? Entonces estás tratando de servir tanto a Dios como al dinero.

> No se puede servir a Dios y a las riquezas.
> Mateo 6.24 DHH

11 Mi buena voluntad

Nuestras vidas son una... la tuya y la mía. Todo lo bueno fluye libremente de mi corazón al tuyo. Yo soy la vid. Ustedes son las ramas. ¡No temas! Mi buena voluntad es darte el reino.

No tengan miedo, mi rebaño
pequeño, porque es la buena
voluntad del Padre darles el reino.
Lucas 12.32 NVI

12   ¿Dinero?

¿Por qué estás preocupado por algo tan trivial como el dinero? Si el deseo de tu corazón es conocerme a mí y descubrir mi voluntad, entonces tu vida, y la vida de *todos* los que te rodean, serán llenas con luz celestial.

> Busquen el reino de Dios por encima de
> todo lo demás y lleven una vida justa,
> y él les dará todo lo que necesiten.
> Mateo 6.33 NTV

13   No hay otro nombre

No hay otro nombre en el cielo ni en la tierra con el poder de salvar. Ningún otro nombre puede convertir la oscuridad en luz, la tristeza en gozo, ni la muerte en vida... sino el maravilloso nombre de Jesús.

> Porque no hay otro nombre bajo
> el cielo, dado a los hombres, en
> que podamos ser salvos.
> Hechos 4.12

14   Busca el camino

¡Oh, hijito mío, *confía en mí*! Busca el camino que te lleva a mi lado. Y camina por él con valor, fe y alegría... te conducirá al cielo.

¡Sí, creo, pero ayúdame a
superar mi incredulidad!
Marcos 9.24 NTV

15 Fuerza tranquila

Este mundo ve la fuerza como algo lleno de ruido y acción. Pero yo la veo como tranquilidad y descanso. Así que cuando sientas como si te hubieras quedado sin gasolina, no salgas y empujes... descansa y llena el tanque con poder del *cielo*.

Jehová dará poder a su pueblo, Jehová bendecirá a su pueblo con paz.
Salmos 29.11

16 Momento preciso

No hay necesidad de apresurarte. Yo no voy a llegar tarde. Tenemos todo el tiempo en el cielo y en la tierra. Así que, ¡siente mi paz y mantente tranquilo! Tus sueños se harán realidad. La fe es la lluvia que los hará florecer... en el momento preciso.

La obra de la justicia será paz.
Isaías 32.17 LBLA

17 Este es el camino

Estás en el camino correcto. *Este es el camino*. Sé que no puedes ver hacia dónde vas. Sé que no siempre sabes qué hacer. No tengas miedo. Simplemente da el siguiente paso. Te estoy dirigiendo. Este *es* el camino.

> Señor, dame a conocer tus caminos,
> ¡enséñame a seguir tus sendas!
> Salmos 25.4 RVC

18 Los que viven allí

Oh, hijito mío, ¡tengo tantas cosas buenas para ti! Pero tienes que acercarte a mí si quieres encontrarlas. Mi lugar de refugio está repleto de tesoros. Los visitantes nunca los ven. Pero los que *viven allí* los encuentran todos.

> El que habita al abrigo del Altísimo, morará
> bajo la sombra del Omnipotente.
> Salmos 91.1

19 Lleno de alegría

Las lecciones que yo ofrezco son un regalo. Ábrelo y tu corazón se llenará con alegría. Búscalas cada día como un tesoro escondido. Permite que llenen tu corazón y tu hogar con risas y amor.

Les hablo así para que se alegren
conmigo y su alegría sea completa.
Juan 15.11 DHH

20 Espera y ve

Dios es bueno. Todo está bien. Estás seguro aquí en mis brazos. Confía en mí. Descansa. No tengas miedo. Yo te ayudaré. ¡Solo espera y ve!

Prueben y vean que el Señor es bueno,
dichosos los que en él se refugian.
Salmos 34.8 NVI

21   Si me has visto

¿Me has visto? ¿Sabes quién soy? He aquí algunas pistas: soy amoroso, generoso. Estoy lleno de bondad. Lento para la ira. Rápido para perdonar. Fiel. Misericordioso. Siempre disponible. *Yo soy Jesús.* Y si me has visto a mí... has visto a Dios.

El que me ha visto a mí, ha visto al Padre.
Juan 14.9

22   ¡Canta!

Cántame con un corazón alegre y feliz. Cántame una canción nueva y hermosa. La adoración es un regalo y llena de alegría mi corazón. ¡Así que cántame canciones de adoración y alabanza!

> ¡Cuán bueno es cantar salmos a nuestro Dios, cuán agradable y justo es alabarlo!
> Salmos 147.1 NVI

23   Vuélvete a mí

Vuelve tu corazón a mí y me acercaré a ti. No tienes que suplicar. No necesitas negociar. No tienes que decir ni una sola palabra. Simplemente abre tu corazón y estaré allí.

> Acérquense a Dios, y él se acercará a ustedes.
> Santiago 4.8 DHH

24   Aprende y vive

Todo buen maestro te dirigirá a mí. Y siempre debes estar agradecido por maestros que hacen esto. Pero recuerda... nunca, nunca sigas a un maestro que intente llevarte a otra persona o a otro lugar.

Señor, ¿a quién iremos? Tú tienes
palabras de vida eterna.
Juan 6.68

25 Ven y quédate

¿Has estado corriendo en círculos? Ven a mí y descansa. Pero cuando vengas, detente, y quédate el tiempo suficiente para que pueda llenarte con mi paz.

> Vengan a mí todos ustedes que
> están cansados y agobiados,
> y yo les daré descanso.
> Mateo 11.28 NVI

26 Un visitante bien recibido

Haz lo mejor que puedas para ayudar a todas las personas con las que te encuentres. Trata a todo el mundo como si fueras un siervo —y ellos fueran un visitante bien recibido— en la casa de mi Padre. Recuerda, cualquier cosa que hagas por ellos, también lo haces por mí.

> Sírvanse los unos a los otros por amor.
> Gálatas 5.13 RVC

27   El cielo espera

Mi poder para salvar no tiene límites. Pero nunca voy a obligar a nadie a aceptarme. ¡Ah, con cuánta frecuencia he anhelado ayudar! ¡Y cuán doloroso ha sido esperar que ese corazón quebrantado pronuncie mi nombre!

> El brazo del Señor no es demasiado
> débil para no salvarlos, ni su oído
> demasiado sordo para no oír su clamor.
> Isaías 59.1 NTV

28   Camino de la tristeza

Oh, hijito mío, no temas compartir con otros lo que hay en tu corazón. Caminar por el camino de la tristeza no es nada fácil. Pero, ¡cuánta alegría sentirás si te atreves a caminarlo con tu amigo!

> Sus misericordias jamás terminan.
> Grande es su fidelidad, sus misericordias
> son nuevas cada mañana.
> Lamentaciones 3.22–23 NTV

29   Mi toque

Mi toque traerá sanidad. Mi toque traerá fortaleza. Mi toque traerá valor, sabiduría y poder. Entonces, calma tu corazón. Espera y quédate tranquilo. Extenderé mi mano... pero tienes que *estar tranquilo*.

> Entonces les tocó los ojos, diciendo: Hágase en vosotros según vuestra fe. Y se les abrieron los ojos.
> Mateo 9.29–30 LBLA

30   Sabiduría

¿Necesitas sabiduría? Lo único que tienes que hacer es pedirla. Tengo más que suficiente para el día de hoy. Tendré más que suficiente para mañana. Por lo tanto, confía en mí. Toma la que necesitas. Úsala. Y luego pídeme más.

> Si necesitan sabiduría, pídansela a nuestro generoso Dios, y él se la dará.
> Santiago 1.5 NTV

Leche y miel

1

Yo nunca te dejaré. Siempre te cuidaré. No tengas miedo. Yo alimento a mis hijos con comida del cielo. Dividí el Mar Rojo. Dirigí a mis hijos a través del desierto hasta llegar a la tierra donde fluye leche y miel. Haré lo mismo por ti.

Los llevaré a una tierra donde
fluyen la leche y la miel.
Éxodo 3.17 NTV

2   El humilde

¡Qué alegría es dirigirte cuando confías en mí con todo tu corazón! Jamás conocerás el dolor que viene de pelear, quejarte y tratar de hacer las cosas a tu manera.

> Busquen al Señor los que son humildes
> y sigan sus mandamientos.
> Sofonías 2.3 NTV

3   Mantente tranquilo y conoce

Mantente tranquilo y conoce que yo soy Dios. Cuando tu corazón y tu mente están tranquilos, puedo obrar milagros. Porque un corazón tranquilo es un corazón que confía en mí. Y un corazón que confía en mí puede hacer cosas maravillosas.

> El producto de la justicia será la paz.
> Isaías 32.17 NVI

4 La luz de vida

Cuando le permites a mi Espíritu que te guíe, tu vida se llena con luz celestial. Entonces, no te sorprendas si tus viejas costumbres comienzan a parecerte un poco raras. Todo luce diferente cuando lo ves bajo la luz del cielo.

[Él] verá la luz y quedará satisfecho.
Isaías 53.11 NVI

5   Cada paso

Yo te amo y cuidaré de ti. Yo nunca, jamás cometeré un error. Nada de lo que haga será un accidente. Te estoy protegiendo. Y te bendeciré en cada paso del camino.

> Mi socorro viene de Jehová, que
> hizo los cielos y la tierra.
> Salmos 121.2

6   Mano a mano

Confía en mí. Sostente de mí. Pon tu mano pequeña en la mía. Todo está bien. Tu fe será recompensada. ¿Por qué habría de fallarte? ¿Cómo podría fallarte? Nada es demasiado grande ni demasiado difícil para mí.

> El Señor tu Dios, él mismo irá delante
> de ti. No te fallará ni te abandonará.
> Deuteronomio 31.6 NTV

7   Debilidad

Cuando tú eres débil, yo soy fuerte. ¡Así que alégrate! Deja que tu corazón se llene de alegría. Mi poder obra mejor en las manos de personas débiles. Entonces, confía en mí. Yo estoy contigo. Apóyate en mi amor y ten la certeza de que todo está bien.

> «Con mi gracia tienes más que
> suficiente, porque mi poder se
> perfecciona en la debilidad».
> 2 Corintios 12.9 RVC

8   Los lugares más oscuros

¿Se están infiltrando el miedo y la duda en tu corazón? ¡Sácalos! Piensa en mi amor. ¡Háblame! Muy pronto, la alegría entrará en los lugares más oscuros y tu corazón se llenará con luz celestial.

> Ni aun las tinieblas son oscuras para
> ti, y la noche brilla como el día.
> Salmos 139.12 LBLA

9   Mi oveja pequeña

Tú eres mi oveja pequeña y hermosa. Yo soy tu pastor. Yo te mostraré el camino que debes seguir. Nunca tengas miedo de pedirme ayuda. Cada palabra que oras acerca más y más mi corazón a ti.

> En verdes prados me deja descansar,
> me conduce junto a arroyos
> tranquilos. Él renueva mis fuerzas.
> Salmos 23.1–3 NTV

10   Más trabajo

Yo soy tu ayudador. Sigue adelante. Una bendición maravillosa está esperando al final de este camino. Hay más trabajo adelante. Así que hazlo con alegría. Yo estoy contigo. Te estoy dirigiendo. Todo va a estar bien.

> Si ustedes quieren y me hacen caso,
> comerán de lo mejor de la tierra.
> Isaías 1.19 RVC

11 No te enojes

Paz. ¡Mantente tranquilo! No permitas que nada ni nadie te enoje. Respira mi tranquilidad como el aire fresco en una dorada mañana de otoño. Permite que se lleve las preocupaciones de este mundo apurado, alocado y ruidoso.

El Señor me responderá cuando lo llame.
Salmos 4.3 NTV

12 Fuera de la oscuridad

¿Has caminado por el camino del temor y la duda? ¡El primer paso fuera de la oscuridad es la alabanza! Así que tranquiliza tu corazón. Encuentra una razón para darme gracias. Pídeme ayuda. ¡Y luego alábame!

> Oré al Señor, y él me respondió,
> me libró de todos mis temores.
> Salmos 34.4 NTV

13 El Artista

Yo soy el Artista. Tú eres la obra maestra que mi amor está creando. Cuando encuentro una piedra agrietada, la dejo a un lado. Pero cuando encuentro un tesoro especial, como tú, lo amoldo y lo convierto en una obra de arte hermosa.

> Señor, tú eres nuestro Padre, nosotros
> somos el barro, y tú el alfarero.
> Todos somos obra de tu mano.
> Isaías 64.8 NVI

14 El Cordero de Dios

Yo soy Jesús... el Cordero de Dios. Deja tus pecados a los pies de la cruz. Deja que mi sangre los lave hasta dejarlos blancos como la nieve. Olvida el pasado. El pasado ya pasó. ¡Eres libre!

¡Miren! ¡El cordero de Dios, que quita el pecado del mundo! Juan 1.29 NTV

15   Lo mejor de mí

Ven. Haz tu hogar conmigo. Cada regalo que guarda
el cielo está esperando a que llegues allí. No eres un
mendigo. Eres un hijo del Rey. Permíteme darte lo mejor
de mí.

Pongan toda su atención en el reino de los
cielos y en hacer lo que es justo ante Dios,
y recibirán también todas estas cosas.
Mateo 6.33 DHH

16   Libres

La preocupación, el miedo y la duda son como una
prisión. Cuando crees sus mentiras, dejas mis bendiciones
encerradas afuera, en la oscuridad. La valentía y la fe son
las llaves que abrirán la puerta y las harán libres.

Al instante se abrieron todas las puertas y
a los presos se les soltaron las cadenas.
Hechos 16.26 NVI

17 Fe que ve

¿A dónde estás mirando? ¿Qué ves? ¿Está atribulado tu corazón? Es tiempo de que le des la espalda a lo sucio y a la oscuridad de este mundo quebrantado y vuelvas tus ojos a la belleza y la alegría que solo puedes encontrar en mí.

> La lámpara del cuerpo es el ojo,
> así que, si tu ojo es bueno, todo
> tu cuerpo estará lleno de luz.
> Mateo 6.22

18 Un corazón quebrantado

Oh, hijito mío, yo sé lo que significa tener un corazón quebrantado. No malgastes tu vida tratando de ser famoso. Los ricos y los poderosos no edificaron mi reino. Ellos me abandonaron y huyeron.

> Y abandonándole, huyeron todos.
> Marcos 14.50 LBLA

19 Cuando yo respondo

Yo escucho a todo el que tranquiliza su corazón para orar. Pero, ¡son tan pocas las personas que están lo suficientemente tranquilas en el interior como para escucharme cuando yo respondo!

A ti clamo, oh Dios, porque tú me respondes,
inclina a mí tu oído, y escucha mi oración.
Salmos 17.6 NVI

20 Baches en el camino

Cuando haces mi voluntad con alegría y gozo, los baches en el camino no volcarán tu carreta. ¿Te encontraste con algunos huecos? Déjame a mí esas ruedas tambaleantes.

Enséñame a hacer tu voluntad,
porque tú eres mi Dios, tu buen espíritu
me guíe a tierra de rectitud.
Salmos 143.10

21   A la puerta

¿Está tu corazón abierto a mí? Yo estoy a la puerta de tu corazón y toco. Si escuchas mi voz y me abres tu corazón, entraré en él. Luego disfrutaremos el estar juntos.

He aquí, yo estoy a la puerta y llamo, si alguno oye mi voz y abre la puerta, entraré.
Apocalipsis 3.20

22   Casa en construcción

Estoy construyendo una casa preciosa. Su fundamento
—la parte que mantiene en pie todo lo demás— ha
sido edificado con enormes bloques de fe inconmovible.
Llena ahora sus habitaciones con un corazón agradecido,
tranquilo y feliz.

> Vendremos a él, y haremos con él morada.
> Juan 14.23 LBLA

23   Como Abraham

Tienes que aprender a confiar en mí hasta el final. Como
Abraham, mantente confiando cuando el camino por
delante desaparezca en la niebla. Ignora lo que ves —o lo
que no puedes ver— y confía en mí.

> Mas el justo por la fe vivirá.
> Romanos 1.17

24 Sal de la tierra

Tú eres la sal de la tierra. Cuando tienes tu mejor sabor, este mundo puede ser un lugar delicioso. Pero si la sal pierde su sazón, ¡qué soso se vuelve todo y todos! Mantente cerca de mí y ayúdame a sazonar al mundo con mi amor.

Ustedes son la sal de este mundo.
Pero si la sal deja de estar salada,
¿cómo podrá recobrar su sabor?
Mateo 5.13 DHH

25 Esperando y trabajando

No hay horas inútiles en el reino de los cielos. Esperar no es fácil. En cierto sentido, es más difícil que trabajar. Pero la única manera de esperar *sin preocuparte* en el exterior es confiando completamente en mí *en el interior*.

> Más vale ser paciente que valiente,
> más vale dominarse a sí mismo
> que conquistar ciudades.
> Proverbios 16.32 NVI

26 No conozco al hombre

Cuando mis enemigos dudan de mí, nunca me pregunto por qué. Cuando los que se burlan de mí se niegan a confiar en mí, no me sorprende. Pero cuando mis hijos, quienes me conocen y me aman, tienen miedo de pronunciar mi nombre, entonces el dolor es más intenso de lo que mi corazón puede soportar.

> Pero él negó otra vez con juramento:
> No conozco al hombre.
> Mateo 26.72

27 Días de triunfo

No eres perfecto. Y sí, has cometido algunos errores. Pero no estoy mirando eso. Sé que estás peleando una batalla difícil. ¡Así que alégrate! Has ganado... porque estoy mirando *tu corazón*.

> Él redimirá en paz mi alma de la guerra contra mí, aunque contra mí haya muchos.
> Salmos 55.18

28 Una sorpresa extraordinaria

Ven. Póstrate delante de mí. Abre tu corazón. Cierra tus ojos. ¡No trates de mirar a hurtadillas! Sí, es cierto... ¡tengo una sorpresa extraordinaria aguardando solo por ti!

> Dejen que los niños vengan a mí.
> Lucas 18.16 NTV

Éxito

Nunca midas tu éxito por la cantidad de dinero que has ganado. Así no es que debes hacerlo. El éxito se mide según tu deseo de hacer mi voluntad y el amor que sientes por tus amigos.

Es más fácil que un camello pase por el ojo de una aguja que un rico entre en el reino de Dios.
Mateo 19.24 NTV

30 Una lección sobre cosecha

No puedes recoger manzanas antes de sembrar el árbol.
No puedes ser un agricultor si no siembras las semillas en
la tierra. Pero, hijito mío, si puedes aprender a esperar...
¡verás tus sueños hechos realidad!

> Pero los que esperan a Jehová
> tendrán nuevas fuerzas.
> Isaías 40.31

31 Mi voz

Lee mi Palabra. Atesórala en tu corazón. Mi Palabra es
mi voz... la voz del cielo. Mi Palabra te guiará. Es la voz
de la sabiduría. La voz de la sanidad. La voz de tu amigo.

> Tu palabra es una lámpara que guía
> mis pies y una luz para mi camino.
> Salmos 119.105 NTV

1   Oraciones de alegría

Tus oraciones son como un perfume grato. Suben a mí desde un corazón lleno de fe y riegan su perfume dulce por todo el cielo, arremolinándose bajo alas de alegría que traen mis bendiciones a la tierra.

¡Recibe mi oración como ofrenda
de incienso, y mis manos levantadas
como ofrenda de la tarde!
Salmos 141.2 RVC

2 Gástalo todo

Da y sigue dando. Tráeme un envase vacío y permíteme llenarlo. Toma lo que necesitas, y luego *gasta todo lo que quede*. Encuentra un corazón vacío y llénalo hasta el tope con alegría y gozo.

Den, y recibirán. Lo que den a otros
les será devuelto por completo.
Lucas 6.38 NTV

3 No tiene fin

Mi poder no tiene fin. Las cosas increíbles y maravillosas que yo puedo hacer no tienen fin. Entonces confía en mí. ¡No me limites! Ten una fe grande. Espera cosas grandes ¡y recibirás cosas grandes!

Pueden pedir cualquier cosa en
mi nombre, y yo la haré, para que
el Hijo le dé gloria al Padre.
Juan 14.13 NTV

4   Estoy contigo

Yo estoy contigo. Estoy justo a tu lado. Nunca voy a dejarte ni me cansaré de amarte. Búscame. Toma mi mano. Permíteme llenar tu corazón con alegría. Estoy contigo *siempre*.

En tu presencia hay plenitud de gozo.
Salmos 16.11

5   Vengo pronto

Yo vengo pronto... tan pronto todos los que escuchen mi nombre inclinen sus corazones y me permitan usarles para contarle a alguien las buenas nuevas.

> Ahora, hijitos, permanezcan unidos a Cristo, para que tengamos confianza cuando él aparezca y no sintamos vergüenza delante de él cuando venga.
> 1 Juan 2.28 DHH

6   Con poder

Nunca eres demasiado débil. Nunca eres demasiado pequeño. Nunca eres demasiado joven ni demasiado viejo ni estás demasiado cansado. Llama mi nombre y me moveré. Pero, ¡ten cuidado! Cuando yo me muevo, ¡me muevo con poder!

> Entonces rebosarán de una esperanza segura mediante el poder del Espíritu Santo.
> Romanos 15.13 NTV

7 La cañería

Sí, eres pequeño. Pero eres poderoso. Eres la cañería que lleva mi amor a este mundo. Así que mantenla limpia y está pendiente de las obstrucciones. ¡Mi amor y mi poder vienen por ahí!

> Pero unidos a él viviremos por el poder
> de Dios para servirles a ustedes.
> 2 Corintios 13.4 DHH

8 Borrón y cuenta nueva

Olvida el pasado. El pasado ya pasó. Borrón y cuenta nueva, y empieza otra vez. Borra tus errores y fracasos. Borra el recuerdo de todo lo que te hayan hecho para lastimarte. *Olvídalo todo* y empieza otra vez.

> Olvido el pasado y fijo la mirada
> en lo que tengo por delante.
> Filipenses 3.13 NTV

9 Amistad maravillosa

Yo soy Dios todopoderoso. El creador del cielo y la tierra. Colgué las estrellas en el cielo. Yo hablé y el sol nació. Llené de vida cada pulgada de este mundo hermoso. ¡Y yo soy tu amigo!

> «Le creyó Abraham a Dios, y esto se le tomó en cuenta como justicia», y fue llamado amigo de Dios.
> Santiago 2.23 NVI

10 Nuevo poder

No te detengas cuando un problema intente interponerse en tu camino. Ni siquiera reduzcas el paso. Llama mi nombre. ¡Pide un nuevo poder! Sigue adelante con valentía y fortaleza, y saca todos los problemas del medio.

> Y ahora, que toda la gloria sea para Dios, quien es poderoso para evitar que caigan.
> Judas 1.24 NTV

11   El color del cielo

Estoy cuidando cada uno de tus pasos. Así que relájate y déjame todo a mí. El color del cielo es un mosaico maravilloso, montado una piedra a la vez. Me aseguraré que todas las cosas luzcan hermosas en su tiempo.

Cuando me ponga a prueba,
saldré tan puro como el oro. Pues he
permanecido en las sendas de Dios.
Job 23.10–11 NTV

12 Llanto silencioso

La sabiduría del hombre, sin importar cuánta sea, no puede hacer nada para responder las preguntas de una vida que está perdida y sola en la oscuridad. Pero el llanto silencioso de un corazón quebrantado se escucha por encima de toda la música del cielo.

> Y si alguno se imagina que sabe algo,
> aún no sabe nada como debe saberlo.
> 1 Corintios 8.2

13 Ven a mí

¿Estás enfermo? Ven a mí para recibir sanidad. ¿Estás perdido? Ven a mí para que encuentres el camino de regreso a casa. ¿Te sientes solo? Ven a mí y encontrarás a un amigo. Para lo que sea que necesites: ¡ven a mí!

> Vengan a mí todos los que están
> cansados ... y yo les daré descanso.
> Mateo 11.28 NTV

14 Corazones desobedientes

Los corazones desobedientes provocan que se tuerzan los caminos rectos. Los hombres malvados bloquean el camino con piedras filosas. Este no es el mundo que creó el corazón de mi Padre. Pero, alégrate... ¡yo he vencido al mundo!

Preparen para Dios un camino.
Isaías 40.3 TLA

15   Por mi Espíritu

Mis milagros no son un simple «había una vez». Los milagros son mi esencia, lo que yo soy. ¡Y yo soy el mismo ayer, hoy y *para siempre*! ¿Lo crees?

> No con ejército, ni con fuerza, sino con mi Espíritu, ha dicho Jehová de los ejércitos.
> Zacarías 4.6

16   Poder en la unidad

Si dos de ustedes se unen en amor y ayudan a otros, allí estaré con ustedes en poder. Nada será demasiado difícil. Nada será imposible. Porque estaré justo ahí con ustedes.

> Porque donde dos o tres se reúnen en mi nombre, allí estoy yo, en medio de ellos.
> Mateo 18.20 RVC

17   Vidas tranquilas

No al famoso ni al poderoso. Ni al grande e importante. Sino al tranquilo y que pasa inadvertido. A aquellos que me sirven con todo su corazón, en *esos* oídos susurraré: «Bien, buen siervo y fiel».

Bien, buen siervo y fiel.
Mateo 25.21

18   La gloria de Dios

¿Has bendecido con ternura a un corazón solitario? ¿Has calmado con amor a un corazón enojado? ¿Has aliviado una carga pesada con tu corazón alegre? Entonces les has mostrado a otros la gloria de Dios.

Creo, ayuda mi incredulidad.
Marcos 9.24

19   A los montes

Alza tus ojos. Álzalos a los montes. ¡Mira hacia arriba!
Estoy cerca. ¡Tu ayuda ya está en camino!

> Alzaré mis ojos a los montes, ¿de dónde
> vendrá mi socorro? Mi socorro viene de
> Jehová, que hizo los cielos y la tierra.
> Salmos 121.1–2

20   Misterios

¿Qué depara el futuro? Solo el tiempo lo dirá. Pero una
cosa sí es segura. Cuando tu corazón anhela conocer los
misterios del cielo, el futuro tendrá más y más de mí.

> Cosas que ojo no vio, ni oído oyó, ni han
> subido en corazón de hombre, son las que
> Dios ha preparado para los que le aman.
> 1 Corintios 2.9

Noviembre

21   Lucecitas

Cuando enciendes una vela, ¿qué haces con ella? ¿La escondes debajo de la cama? ¿La pones donde nadie puede verla? ¡No! La pones sobre la mesa. Tú eres como esa vela. ¡Así que ponte en pie! Deja que todo el mundo vea tu luz, y déjales saber que proviene de mí.

> [No] se enciende una lámpara para ponerla bajo un cajón, antes bien, se la pone en alto para que alumbre a todos los que están en la casa.
> Mateo 5.15 DHH

22   Amor que perdura

Las palabras más hermosas que pueda pronunciar el mejor de los oradores del mundo pueden caer silenciosamente en el suelo. Es posible que nadie las escuche ni que ayuden a nadie. Pero *ama a alguien* y has creado un milagro que durará *para siempre*.

> Si yo pudiera hablar todos los idiomas del mundo y de los ángeles pero no amara a los demás … no habría logrado nada.
> 1 Corintios 13.1–3 NTV

23   ¡Confía!

El maligno intentó destruirme una vez. Y como tú me perteneces, también intentará destruirte a ti. Pero, ¡confía! No hay poder en el cielo ni en la tierra que me pueda resistir, ni nada tampoco podrá lastimarte.

> En el mundo tendrán aflicción, pero confíen, yo he vencido al mundo.
> Juan 16.33 RVC

24   Algo especial

Cada nuevo día trae una oportunidad de hacer algo especial para mí. Entrégame este día como una ofrenda. Tu corazón alegre puede ser una bendición para todo el mundo. Ama profundamente a otros. Te bendeciré por ello.

Sobre todo, ámense los unos a los
otros profundamente, porque el amor
cubre multitud de pecados.
1 Pedro 4.8 NVI

25 Párate frente la puerta

¿Conoces a alguien que haya cerrado la puerta a su corazón? No te vayas. Párate frente a su puerta y llama con ternura hasta que estén listos para abrirla y dejarme entrar.

> He aquí, yo estoy a la puerta y llamo.
> Apocalipsis 3.20

26 Hermoso

Mi rostro nunca fue hermoso. Mi cuerpo no era fuerte. Cuando la gente me miraba, no veían a un líder influyente. De hecho, ¡no veían nada que quisieran! ¿Por qué no? La respuesta es sencilla. Estaban tan ocupados mirando mi exterior que no podían ver mi corazón.

> No había nada hermoso ni
> majestuoso en su aspecto.
> Isaías 53.2 NTV

Noviembre

27 — La decisión

Cuando ores, yo voy a contestar. Pero nunca te obligaré a aceptar mi respuesta. Mi camino siempre será el mejor camino. Y para encontrarlo, tienes que seguirme. Pero la decisión de seguirme siempre dependerá de ti.

> Pero no se haga mi voluntad, sino la tuya.
> Lucas 22.42 LBLA

28 — Cambio

¿Quieres hacer cosas grandes? ¿Quieres cambiar a este mundo cansado y quebrantado? Eso es muy bueno. Y yo te ayudaré a hacerlo. Pero antes de que nada de esto pueda ocurrir... primero, tengo que cambiarte a ti.

> Ya que vivimos por el Espíritu,
> sigamos la guía del Espíritu en
> cada aspecto de nuestra vida.
> Gálatas 5.25 NTV

29 Cuando dos se ponen de acuerdo

Cuando dos de ustedes se ponen de acuerdo sobre *cualquier cosa*, mi Padre celestial se la concederá. Esa es mi promesa. Pero recuerda: pedir y *creer que contestaré* son dos cosas muy distintas.

> Si en este mundo dos de ustedes se ponen
> de acuerdo en lo que piden, mi Padre,
> que está en los cielos, se lo concederá.
> Mateo 18.19 RVC

30 Santuario

Yo soy tu santuario... tu refugio en tiempos de prueba. Puedes esconderte de los problemas y las preocupaciones de otras personas en muchas formas diferentes. Pero el único lugar para esconderte *de tus propios problemas* es permaneciendo muy cerca de mí.

> Tú eres mi refugio, tú me protegerás del peligro
> y me rodearás con cánticos de liberación.
> Salmos 32.7 NVI

1 Paso a paso

No podrás resolver cada rompecabezas. Algunas preguntas nunca recibirán respuesta de este lado del cielo. Pero no dejes que eso te confunda. Respuestas o no, te estoy dirigiendo en cada paso del camino.

Me queda aún mucho más que quisiera decirles, pero en este momento no pueden soportarlo.
Juan 16.12 NTV

2 Tierra santa

Ven. Acércate a mí. Quítate los zapatos. El lugar que estás pisando es tierra santa. No estoy lejos ni soy difícil de encontrar. Yo soy Dios. Estoy aquí. Soy tu amigo.

> Quítate las sandalias, porque
> estás pisando tierra santa.
> Éxodo 3.5 NTV

3 Amigo de pecadores

Estoy contigo. Sé cómo te sientes. Sé que eres débil. Sé que estás intentando hacer lo correcto. Sé que has fallado. Soy el amigo de los pecadores. Si me lo permites, haré todo nuevo.

> Te digo que sus pecados —que son
> muchos— han sido perdonados.
> Lucas 7.47 NTV

4 Varón de dolores

Este mundo recompensa a sus héroes con riquezas y fama. Pero le ha dado la espalda al Hijo de Dios. Cuando me sigues, el mundo también te dará la espalda. Pero no te desalientes. No permitas que eso te moleste. Tú tienes un tesoro que este mundo jamás conocerá.

> Despreciado y desechado entre los hombres, varón de dolores, experimentado en quebranto.
> Isaías 53.3

5 Un dador alegre

Yo amo al dador alegre. Así que permítele a tu corazón alegre dar un regalo especial a todo el que encuentre. Da amor, alegría, paciencia, bondad, perdón, oración, una mano que ayude... cualquier cosa que pueda bendecir a las personas que encuentres en tu camino.

> Amen a sus enemigos, bendigan a los que los maldicen, hagan bien a los que los odian.
> Mateo 5.44 RVC

Tentación

El enemigo intentó que yo pecara. Y hará lo mismo contigo. No permitas que se turbe tu corazón. Cuando el pecado trate de desviarte, crearé un camino para que escapes. Sin embargo, depende de ti el tomarlo o no.

Cuando sean tentados, él les
mostrará una salida.
1 Corintios 10.13 NTV

7 Pan de vida

Cuando sientes hambre, ¿qué haces? Buscas algo de comer. Tu corazón puede sentir hambre de la misma manera. Mi Palabra y mi voluntad son la comida que tu corazón necesita para sentirse feliz y saciado.

> Jesús les dijo: Mi comida es que haga la voluntad del que me envió, y que acabe su obra.
> Juan 4.34

8 Mi reino

Cuando me bajaron de la cruz y me pusieron en la tumba, mis seguidores pensaron que todo estaba perdido. Sin embargo, estaban equivocados. La tumba no tiene el poder para contenerme. No todo estaba perdido. ¡Todo había sido encontrado!

> Y todo aquel que vive y cree en mí, no morirá eternamente. ¿Crees esto?
> Juan 11.26

9 Buscadores recompensados

¿Conoces a alguien que sea un buscador? ¿Qué piensas que está buscando? ¿Quieres que te diga un secreto? No sabe lo que busca. Pero tú sí, ¿cierto? ¿Por qué no le ayudas hoy a encontrarme?

Y si lo buscan con todo el corazón y con toda el alma, lo encontrarán.
Deuteronomio 4.29 NTV

10 Silencio

Algunas veces voy a hablar. Otras veces, me quedaré callado. De cualquiera de las dos maneras, confía en mí. A veces tengo que estar en silencio por mucho tiempo. Eso no significa que no te amo. Simplemente estoy tratando de acercarte más a mí.

«Habla, Señor, que tu siervo escucha».
1 Samuel 3.9 RVC

11 El regalo de un amanecer

Este buen día es un regalo. El amanecer es mi regalo para ti. Ábrelo con alegría. Simplemente vívelo, y haz bien cada cosa pequeña. Mi amor puede hacer todo nuevo. Así que espera cosas buenas. ¡Espera cosas *extraordinarias*!

La esperanza de los justos es alegría.
Proverbios 10.28

12 Sin preocupación

El amor y el temor no pueden vivir en la misma casa.
El mal es poderoso. Y el temor es una de sus armas
preferidas. ¿Está tu casa llena de temor? ¡No tengas
miedo! El amor perfecto —*mi amor*— echará fuera el
temor para siempre.

> En esa clase de amor no hay temor, porque
> el amor perfecto expulsa todo temor.
> 1 Juan 4.18 NTV

13 Mis cuidados

Estoy cuidando cada momento de tu vida. Ningún detalle
es demasiado grande ni demasiado pequeño. Entonces,
confía en mí. Espera en mí. Yo estoy en control. Permíteme
levantar la carga de tus hombros. *Todo está bien.*

> Con tu amor inagotable guías
> al pueblo que redimiste.
> Éxodo 15.13 NTV

14 Tormentas

Las tormentas van a llegar. Cuando tu corazón me pertenece, el enemigo va a tratar de atacarte. Afuera, el viento soplará y la nieve caerá. Pero adentro —cuando confías en mí— el sol brillará sobre un corazón tranquilo y feliz, que está lleno con mi paz.

Calmó la tormenta hasta
convertirla en un susurro.
Salmos 107.29 NTV

15 Mi sombra

¿Acaso parece este día oscuro y cubierto de sombras? Yo no te he dejado. Estoy parado entre tus enemigos y tú. Las sombras son mías. Han sido enviadas para protegerte. El sol saldrá pronto.

> Los que viven al amparo del
> Altísimo encontrarán descanso a
> la sombra del Todopoderoso.
> Salmos 91.1 NTV

16 Otra vez alegre

Otra vez conocerás mi alegría. La vida —por ahora— es una marcha larga y difícil. Pero es una marcha que tienes que recorrer. Así que deja de mirar a tus pies. Mira hacia delante, hacia mi alegría, y sigue marchando.

> Hijitos míos, que nuestro amor no
> sea solamente de palabra, sino
> que se demuestre con hechos.
> 1 Juan 3.18 DHH

17 Alegría y bendición

Cuando cae la lluvia, todo y todos se mojan. Esto no quiere decir que estoy enojado. Tampoco significa que he apartado mi amor. La alegría y la bendición verdaderas pueden estar empapadas y aún así funcionar perfectamente bien.

Dios se acuerda de nosotros y nos llena de bendiciones.
Salmos 115.12 TLA

18 Mis maravillas

Mira a tu alrededor. ¿Qué ves? Hace mucho tiempo atrás, esta tierra maravillosa era simplemente un sueño en mi corazón. Pronuncié la palabra y se hizo realidad. Y puedo hacer lo mismo hoy. Así que, cuéntame: ¿cuál es el sueño de tu corazón?

¡Eres el Dios de grandes maravillas!
Salmos 77.14 NTV

19 Amor perfecto

No tengas miedo de nada ni de nadie. Yo nunca te voy a fallar. Nunca me olvidaré de protegerte. No importa lo que el enemigo intente en tu contra... confía en mí y *no tengas miedo*.

> Mis enemigos conspiran en mi contra, hacen planes para quitarme la vida. Pero yo confío en ti, oh Señor, digo: «¡Tú eres mi Dios!».
> Salmos 31.13–14 NTV

20 Pelea contra el miedo

Pelea contra el miedo como si tu vida dependiera de ello. No importa cuán grande o pequeño sea, todos los miedos tienen el propósito de cortar las cuerdas que te atan a mi amor. No te dejes engañar por los trucos y las mentiras del miedo. Confía en mí. ¡Pelea! *No tengas miedo*.

> No tengas miedo, porque yo estoy contigo, no te desalientes, porque yo soy tu Dios.
> Isaías 41.10 NTV

21 Muéstrame tu sonrisa

Yo creé cada copo de nieve plateado. Y también creé cada estrella que resplandece en el cielo. Cuando la vida no marche tal como esperas... ¡alégrate! Muéstrame tu sonrisa hermosa. Mi amor te está cuidando. Todo va a estar bien.

Pero yo confío en tu amor inagotable, me alegraré porque me has rescatado.
Salmos 13.5 NTV

22 Naturalmente

¡No tengas miedo! Yo he conquistado el mal. Nada tiene el poder para lastimarte cuando estás escondido bajo mis alas. Confía en mí en las cosas pequeñas y muy pronto la fe llegará naturalmente en las cosas grandes.

Con sus plumas te cubrirá, y debajo
de sus alas estarás seguro.
Salmos 91.4

23 La senda de la paz

Camina conmigo por la senda de la paz. Permite que sea la fragancia del cielo maravillosa que trae una bendición inesperada por dondequiera que pasas.

Hagan todo lo posible por
vivir en paz con todos.
Romanos 12.18 NTV

24 Cristo el Señor

Mi Hijo ha nacido. ¡El Hijo del Dios único y verdadero! No nació en un palacio, sino en un pesebre. No nació entre reyes, sino entre pastores, ovejas y asnos. ¡Oh, ven! ¡Vamos a adorarle!

«¡Miren! ¡La virgen concebirá un niño!
Dará a luz un hijo, y lo llamarán Emanuel,
que significa "Dios está con nosotros"».
Mateo 1.23 NTV

25 Bebé de Belén

Ven. Arrodíllate ante el bebé de Belén. Preséntale regalos de oro, incienso y mirra. Coloca tus riquezas a sus pies. Adora su nombre. Comparte su dolor. ¡Ha llegado mi reino!

> Luego abrieron sus cofres de tesoro y le dieron regalos de oro, incienso y mirra.
> Mateo 2.11 NTV

26 Mis tesoros

Camina mi senda y da a otros mientras vas por ella. Siempre tendrás suficiente. Así que da el siguiente paso y no tengas miedo. Yo no almaceno mis tesoros. Los doy abundantemente y con alegría. Y quiero que hagas lo mismo.

> «Nosotros lo hemos dejado todo, y te hemos seguido. ¿Qué ganaremos con eso?».
> Mateo 19.27 RVC

27 Un nuevo hogar

He tirado al suelo la casa que construiste con orgullo y egoísmo. Ahora, construye un nuevo hogar —ladrillo a ladrillo— con paciencia, bondad y amor, sobre el fundamento firme de Jesucristo.

En Dios solamente está acallada
mi alma, de él viene mi salvación.
Él solamente es mi roca.
Salmos 62.1–2

28 Para siempre

Ya sea que me sientas o no, estoy contigo. Los sentimientos pueden cambiar con cada soplo de viento. Pero a mí no me cambia nada ni nadie. Te amo hoy. Te amaré mañana. Y te amaré *para siempre*.

Jesucristo es el mismo ayer,
y hoy, y por los siglos.
Hebreos 13.8

29 Trabajo y oración

El trabajo y las oraciones de un corazón confiado son las herramientas que traen éxito. Sigue adelante, con alegría, y no tengas miedo. El camino por delante puede parecer difícil, pero conmigo *todo es posible*.

Humanamente hablando es imposible,
pero para Dios todo es posible.
Mateo 19.26 NTV

30 Pescadores de hombres

¡Oh, cuánto lloro al ver el dolor de un corazón solo y quebrantado! Me duele mucho ver a mis hijos tratando de vivir sin mí. Encuéntralos. Muéstrales el camino a casa. Ábreles tu corazón y tráelos de regreso a mí.

«Vengan, síganme —les dijo Jesús—, y los haré pescadores de hombres».
Marcos 1.17 NVI

31 Jesús

Mi nombre es Jesús. Soy el primero y el último. El principio y el fin. No hay otro nombre en el cielo ni en la tierra por el que puedas ser salvo. Te amo. Siempre te cuidaré. ¡Eres mío!

Y le pondrás por nombre Jesús. Él será muy grande y lo llamarán Hijo del Altísimo ...¡su reino no tendrá fin!
Lucas 1.31–33 NTV

Índice

Índice

AYUDA DE DIOS, 12 abril, 25 agosto, 7, 20 septiembre, 19 noviembre

BELLEZA Y ALEGRÍA, 11 marzo

BENDICIONES, 21 junio, 8 septiembre

BONDAD, 7 enero, 13, 29 abril, 6, 26 septiembre, 27 diciembre

BONDAD DE DIOS, 25, 29 julio, 11 septiembre

Índice

Índice

ESCUCHAR LA VOZ DE DIOS, 5 junio

ESPERA, ESPERAR, 11 febrero, 13 marzo, 4, 18, 24 junio, 25, 30 octubre

ESTRÉS, 9 enero

ERRORES, 3 marzo, 4 abril, 29 mayo, 28 julio, 8 noviembre

ÉXITO, 19 junio, 14 julio

FE, 18 enero, 26, 28 marzo, 2, 30 julio, 22 octubre

Índice

LUGAR SECRETO, REFUGIO, 16 marzo,
18 septiembre, 15 octubre

MIEDO, TEMOR, 17 enero, 1 julio, 19 diciembre

MILAGROS, 20 junio, 10, 19, 22 julio, 15 noviembre

MIRAR HACIA ARRIBA, 23, 24 agosto

MIS PLANES, 4 enero

NECESIDADES, 6 junio

Índice

Índice

REGALOS DE DIOS, 19 enero, 11 diciembre

RELAJARTE, 2 mayo

SABIDURÍA, 30 septiembre

SALVO, 13 julio, 8 agosto

SANIDAD, 23 febrero, 29 septiembre

SEGUIR A JESÚS, 24, 29 enero, 24 julio, 11, 15, 18 agosto, 14, 17, 24 septiembre, 2 octubre, 1 diciembre

Índice

Escríbele a **Phil A. Smouse**

Hace mucho, mucho tiempo, Phil A. Smouse quería ser un científico. Pero los científicos no reciben cartas extraordinarias ni dibujos de amigos como tú. ¡Así que Phil decidió entonces que prefería dibujar y colorear! Él y su esposa viven en el suroeste de Pennsylvania. Tienen dos hijos a los que aman con todo su corazón.

A Phil le encanta hablarles sobre Jesús a los niños. ¡Y a él le encantaría escuchar sobre ti! Así que prepara tus marcadores y crayolas, y envíale una carta o un dibujo a:

Phil A. Smouse
c/o Casa Promesa.
P.O. Box 719
Uhrichsville, OH 44683

O visita su página web en: www.philsmouse.com
o envíale un email a: phil@philsmouse.com